たった4つの言葉で幸せになれる！

心が楽になる

ホ・オポノポノの教え

イハレアカラ・ヒューレン

インタビュー　丸山あかね

イースト・プレス

I love you
Please forgive me.
Thank you.
I'm sorry
Ihaleakalā Hew Len, Ph.D.

はじめに

この本でお伝えしたいのは、これまでに私が出会った素敵な奇跡、そして「セルフ・アイデンティティ・スルー・ホ・オポノポノ」の限りない可能性です。

ホ・オポノポノとは、数百年も前からハワイに伝わる問題解決の方法のことです。ハワイでは昔から、仲間うちで問題が起きた時には、まとめ役を中心に皆で論議をすることによって人びとの心を収め、問題を根本的に解決してきました。その基本となるのは、心の平和を取り戻すためには「命の源」であるディヴィニティ（神聖なる存在）と一体化してインスピレーションを得なければならないというものです。

一方、私の紹介する「セルフ・アイデンティティ・スルー・ホ・オポノポノ」というのは、ハワイで人間州宝に認定された伝統医療のスペシャリストである、故モーナ・ナラマク・シメオナ女史がホ・オポノポノを進化させたもの。従来は複数の人たちが話し合うことで

問題の解決策を探っていましたが、モーナは人に頼るのではなく、改心を通して自らの力でウニヒピリ（潜在意識）を介してアウマクア（超意識）とつながり、問題を解決すべきであると考えたのです。

私がモーナに出会ったのは1980年代の初めでした。以来私は、ホ・オポノポノによって常にクリーニングをし続けてきました。

ホ・オポノポノの素晴らしいところは、メソッドが非常にシンプルで、いつでもどんな時も一人で行うことができるということです。人が思うように生きることができないのは、潜在意識の中にある記憶が原因であると考え、この記憶を消去することで、ディヴィニティからのインスピレーションが届き、それに従って生きることで、完璧な状態で物事が起きると説いているのです。

クリーニングのためには「ありがとう」「ごめんなさい」「許してください」「愛しています」という四つの言葉を使うのですが、これについては、本書で繰り返し解説していきたいと思います。

そして、クリーニングをするにあたり最も大切なことは、自分のウニヒピリと交流を取り続けていくことです。ウニヒピリとの交流をするのに適したCeeportクリーニングカードを有効活用することで、ウニヒピリとの対話が実現します。

本書では、Ceeportクリーニングカードの詳しい解説を交えながら、皆様に「セルフ・アイデンティティ・スルー・ホ・オポノポノ」を体験していただきたいと思います。

「セルフ・アイデンティティ・スルー・ホ・オポノポノ」は、とてもシンプルですが、実に奥深く、生きている限りずっと大切にしていただきたいメソッドです。日常の中に取り入れていただければ、あなたの人生観は180度変化を遂げることになると思います。

本書をお読みいただいた皆様に、ゼロの状態が訪れますように！　では、さっそくクリーニングを始めましょう！

2009年8月　　　POI（わたしの平和）
イハレアカラ・ヒューレン

目次

はじめに……2
読む前に知っておきたいホ・オポノポノ基礎用語……10

第一章　クリーニングするということ

クリーニングすれば、自然と人生は開けてきます……14
クリーニングして、魂の負債を減らそう……18
この世に存在するすべての人、家具、洋服、食べ物など
この世に存在するあらゆるあなたの中の記憶を消去しよう……22
クリーニングは、存在するすべての人やものに絶大な影響を与えます……26
立ち止まらず、クリーニングしよう……30
日々、クリーニング……33
コラム【ホ・オポノポノのクリーニングツール①　ブルーソーラーウォーター】……36
ホ・オポノポノ体験談①「ホ・オポノポノで父と夫がアルコール依存症を克服した！」……38

第二章　苦しみを手放すということ

あらゆる苦しみや悲しみは、潜在意識の中にある記憶の再生によるものです……42
記憶している過去の出来事から解放されよう……47

記憶を消して、手放そう……51
生きる目的は、私たちそれぞれが抱える悩みを消去すること……55
コラム【ホ・オポノポノのクリーニングツール② 「ハー（ha）」呼吸法】……58
ホ・オポノポノ体験談② 「ホ・オポノポノと出会って人生観が変わった！」……61

第三章 生きるということ

生きるとは、あらゆる記憶を消去すること！……68
自分の人生で起こることに100％責任を持とう……72
人生に起こるすべてのことはあなたの記憶が再生する結果です……76
バランスを取って、自分の中の軸を整えよう……80
あなたが迷った時、やらなければいけないことは限られています……84
選択することはできても、コントロールすることはできないのです……88
コラム【ホ・オポノポノのクリーニングツール③ アイスブルー】……92
ホ・オポノポノ体験談③ 「この世で一番「大切な人＝自分」との出会い」……94

第四章 自分を愛し、ケアするということ

まず自分自身のケア。次に考えるべき存在は家族です。
その他の人はその後考えてください……100
一番大切なのは、あなた自身に慈しみの心で接すること……103

自分の中にあるウニヒピリ（潜在意識）を愛してあげよう……106
記憶をクリーニングすること＝自分自身に愛を送ることです。
クリーニングした結果、あなたの中の愛に気づくでしょう……109
一瞬一瞬、愛（＝ゼロ）に回帰すること……114
あなたの存在は愛そのもの。あなたに起こるすべての出来事は、
あなたの潜在意識にある記憶をクリーニングするために起こっているのです……117
コラム　**【ホ・オポノポノのクリーニングツール④　キャンセル「Ⅹ《バツ》」】**……121
コラム　**【ホ・オポノポノのクリーニングツール⑤　家に帰るイメージをする】**……122
ホ・オポノポノ体験談④　「母の危篤、精神病の父、
両親の借金問題を解決してくれたホ・オポノポノ」……123

第五章

答えはすべて自分の中に

あなたはいつだって完全な存在です……130
すべての人、もの、出来事は自分自身の内面の表れです……133
「記憶の再生」、「インスピレーション」――この二つによってのみ、
日々私たちは動かされているのです……136
苦しんでいる人をよくしたいと思ったら、
まずは、そう思ってしまう自分自身の記憶をクリーニングしよう……139
どちらを選ぶ？

愛か恨みか、平和か怒りか、豊かさか貧しさか、家族か孤独か？……………143
自分自身のウニヒピリとつながった時に、自分自身とつながります……………146
ホ・オポノポノ体験談⑤
「絶体絶命のピンチこそクリーニングするチャンスだった」……………149

第六章

神聖なる存在が教えてくれること

クリーニングすることで、神聖なる存在が導いてくれます……………154
結果を出そうとしたり、成果を求めようとしなくても大丈夫です。
神聖なる存在が記憶を消去してくれます……………158
潜在意識にある記憶のうち、どの記憶が原因になっていて、どの記憶を消去するべきか、
ウニヒピリはわかっています……………161
「許してください」と語りかけることは必要です。
許されることによって自分を取り戻すことができます……………165

第七章

ゼロになるということ

本当の自分になれる瞬間というのは、いい意味で空っぽになる時です。
あなたがゼロである時、初めてあなたの純粋性を取り戻せ、
本来の姿に立ち返れるのです……………170
ゼロとはつまり時間のない世界です。

時間がないから物事を区切る境界線もなく、執着やとらわれのない状態で、
完全なる自由の世界です……174
クリーニングすることで自分だけのシャングリラに気づいてください……178
病気とは自分をクリーニングするサインのようなもの……182
どんなことがあっても、どんな状況においても、クリーニングし続けてください……186

ホ・オポノポノQ&A……190

ホ・オポノポノ鼎談《ていだん》
「人類がこれまで背負ってきた悩みはすべて解消できる」……195

読む前に知っておきたいホ・オポノポノ基礎用語

●セルフ・アイデンティティ・スルー・ホ・オポノポノ

Self Identity Through Ho'oponopono（略してＳＩＴＨ）。数百年も前からハワイに伝わる問題解決法「ホ・オポノポノ」を、ハワイの人間州宝に認定された伝統医療のスペシャリスト、故モーナ・ナラマク・シメオナ女史が、人を介さず、自らの力で問題を解決できるよう進化させたもの。本書では「ホ・オポノポノ」という表記で統一。

●神聖なる存在　Divinity

神様、宇宙、大いなる自然、命の源を意味する。「ディヴィニティ」「神聖なる知能」ともいうが、本書では「神聖なる存在」という表記で統一。

●超意識　Super Conscious Mind

常に神聖なる存在と一体化し、人間の潜在意識と神聖なる存在を結ぶ、橋渡しの役割を果たしている。ハワイではアウマクアと呼ばれ、潜在意識に対して父親のような存在。

●顕在意識　Conscious Mind

私たちが日常の中で認識している意識。ハワイではウハネと呼ばれ、潜在意識に対して母親のような存在。この顕在意識が把握しきれる記憶は、1秒間あたり15ビット相当。

●潜在意識　Subconscious Mind

自分が経験したことだけではなく、世界が創世されてからのすべての記憶が蓄積されたもの。潜在意識では1秒間に1100万ビットもの記憶が再生されており、現在に投影される。潜在意識＝インナーチャイルド（内なる子ども）ともいうが、本書ではハワイ語で潜在意識を意味する「ウニヒピリ」という表記で統一。

●クリーニング

人間の病気や苦悩を生み出すものや、潜在意識の中のあらゆる記憶を消去すること。

●ゼロの状態

悟りの境地。欲や執着を手放し、神聖なる存在に委ねる準備が整った状態。仏教でいうところの「空」の状態。

●インスピレーション

霊感。潜在意識の中の記憶をクリーニングし、ゼロの状態となった時に神聖なる存在から降りてくる知恵や情報。

第一章

クリーニングするということ

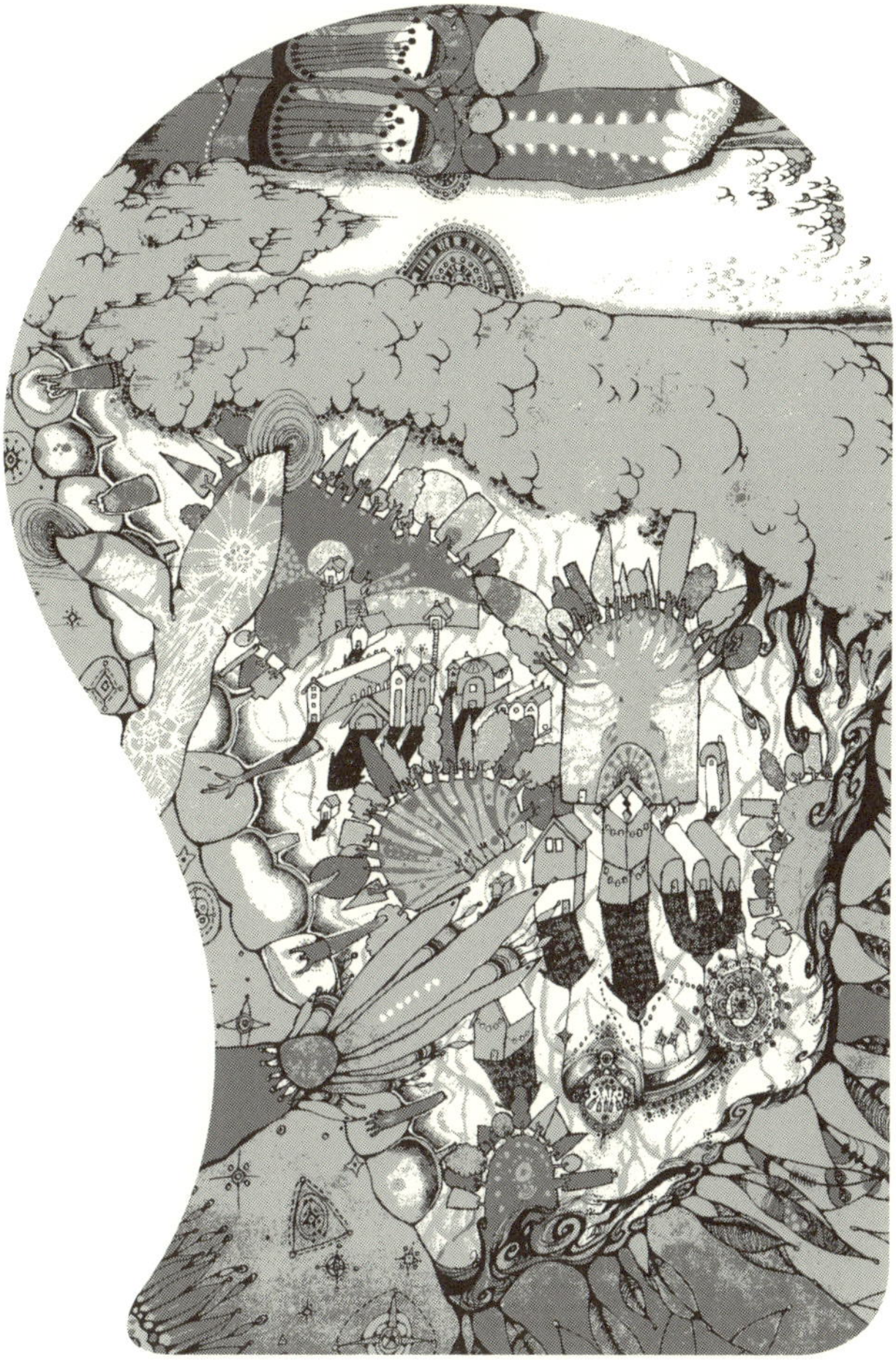

クリーニングすれば、
自然と人生は開けてきます。

ただ、クリーニングに専念するだけで大丈夫。

セルフ・アイデンティティ・スルー・ホ・オポノポノでは、人が思うように生きることができないのは、潜在意識の中にある記憶が原因だと考えています。辛い記憶はトラウマに、よい記憶は執着となって、私たちが正しい判断をすることの妨げとなっているのです。そこで記憶を手放し、ゼロになる必要があるのですが、ゼロの状態というのは、仏教の「空」に通じるものであると説明すれば、ご理解いただけるかもしれません。

ゼロの状態になることで、あなたは、あなたが知らずしらずのうちに身につけてしまっている、固執する心、思い込み、先入観、偏見などの記憶を消去し、その時、初めて本来、あなたが持っている能力を発揮することができます。それを可能にするのがクリーニングです。

よく、自分の運命を変えたいという人がいます。けれども、私の考えでは、運命は存在しません。あるのは記憶だけ。ですから、「私が病気になったのは運命」、「私がこの人と結婚したのは運命」などということは間違いで、正しくは、あなたがはるか昔から先祖代々無意識に受け継いでいる「病気の記憶」のために病気になったのです。「結婚相手に依存する記憶」を持ち続けているために配偶者と出会ったのです。つまり、人生で起こるすべての出来事は、潜在意識の中の記憶の再生によるもの。けれども、どんな出来事もネガティブにとらえず、潜在意識からクリーニングをする機会を与えられたのだと考えることが大切です。

クリーニングする言葉はいつでも「ありがとう。ごめんなさい。許してください。愛しています」の四つ。「愛しています」の言葉は、他の三つの言葉を含みますので、「愛しています」だけでもよいと思います。いずれにしてもクリーニングを続けることによって、あなたは、やがてゼロの状態になる感覚を感じることができるようになるでしょう。

たとえば、夫婦関係にトラブルが生じているとしても、クリーニングを続けることによって、あなたはあなたの記憶を消去し、自分を、そして次にご主人を愛せるようになります。心の奥底ではご主人のことを心配に思う気持ちがあるのに、意地を張ってつれなく接してしまっている人は、ぜひクリーニングに専念してみてほしいと思います。

自分をゼロの状態にすることは、生きていく上でとても大切なことなのです。あなたは「相手に変わってほしい」とか「こんなふうになってほしい」などと考えることなく、ただクリーニングに集中すればよいのです。「どうしてこんなことになってしまったのだろう?」、「クリーニングをすることに、どんな意味があるのだろう?」と難しく考える必要もありません。前ページでお伝えしたように「ありがとう。ごめんなさい。許してください。愛しています」という四つの言葉を言い続けるだけで充分なのです。

クリーニングして、魂の負債を減らそう。

クリーニングしないでいるのはひどい便秘状態にあるのと同じ。

ハワイの言葉で「ク・カイ・パ」というものがあります。これは心の中にいろいろなものが詰まりすぎている状態、早い話が、心の便秘を意味します。

誰でも、便秘が続くと体全体の調子が悪くなるものです。本来、人間にインプットしたものがアウトプットされないと、循環が滞るので、スムーズで健全な状態ではなくなってしまうのです。

この「ク・カイ・パ」は、借金にも似ています。負債を抱えたままだと、にっちもさっちもいかなくなって、身動きがとれなくなってしまいますよね。心も同じ。他者の感情や、さまざまな出来事を受け入れるだけで消化できずにいると、心が重くなり、問題を解決するのが難しくなってしまうのです。考えすぎる傾向にある人は、記憶がおなかの中にたまるガスのように悪い影響を与えてしまう傾向が強いので、その自覚を持って、特に熱心にクリーニングをする必要があります。

便秘を解消するには、外に出てウォーキングをしたり、適度な運動をするのが効果的です。抱えた負債にしても、家の中に閉じこもってうつうつとしていては返済することはできません。とにかく解決をするべく、前向きに考え、行動を開始することが大切なのです。

魂の負債をリセットするためのクリーニングも感覚的にはそれと同じ。まずはネガティブな思考を消去し、無心にクリーニングを続けていく。そうすれば、やがてインスピレーションが降りてくることでしょう。長年抱えていたマイナスの記憶が消え、すべての物事を自分の責任において解決しよう、あとは神聖なる存在の判断に任せようと、無重力状態の中で身を横たえているような感覚を覚えることができれば、それは、あなたが、何の執着も期待もない状態、何であろうと自分の軸がぶれず、自分にとって正しいことが起きているという安心感（ゼロの状態）になっている証しです。

けれども記憶は、次の瞬間にも蓄積されてしまいますので、記憶の消去を怠れば、すぐにゼロの状態ではなくなってしまいます。また、実生活の中で、本当に便秘がちである人は、物事を複雑に考え、記憶に翻弄《ほんろう》されてしまいがちな傾向にあるようです。このように心と体は連動しています。ですから、規則正しい食生活を心がけ、その一方で記憶のクリーニングをしていく必要があります。

健全な心が健全な肉体を作り、健全な肉体でいなければ、正しい判断はできないのだということを忘れないでほしいと思います。

この世に存在するすべての人、
家具、洋服、食べ物など
この世に存在する
あらゆるあなたの中の記憶を消去しよう。

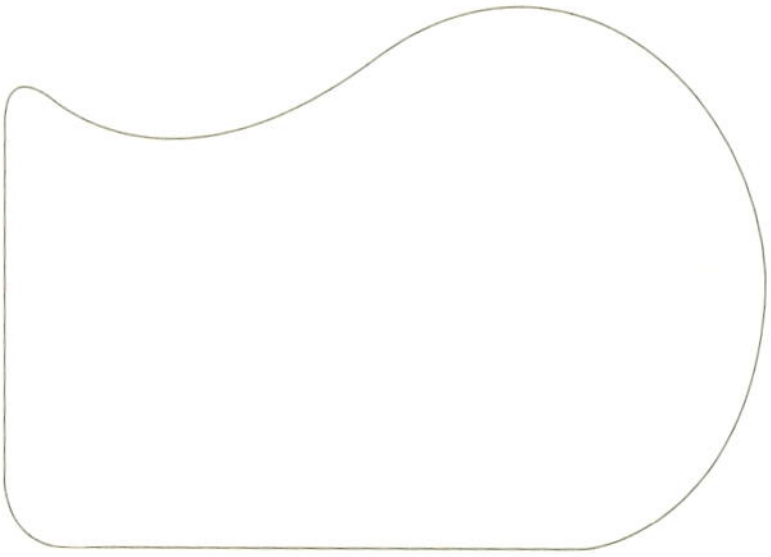

体に悪いものを食べているのか、体に悪いと思って食べているのか？

私はよく、「心を浄化する妨げになる食べ物はあるのですか？」という質問を受けることがありますが、答えは「ＮＯ」です。

アメリカ人である私は、ご想像のとおり、ジャンクフードの代名詞でもあるハンバーガーが大好きです。え、あんなに体に悪いものを食べたら心も体も悪くなってしまいそう！などという声が聞こえそうですが、私はまったく心配をしていません。

また、私は葉巻もたしなみますが、いまだ病気を招いたことがないのです。

一般にホ・オポノポノを実践しようという人は、自分の健康にとても気を遣っている、いわゆるボディ・コンシャスな人が多いようです。そういう人々は、白米や白パンよりも、玄米や胚芽入りパンを嗜好《しこう》しています。そして、肉よりも魚、野菜を多くとり、加工品には口をつけようとしない人までいます。それは、おそらく精製していない食物のほうが栄養価が高いと信じているからでしょう。人工的な食べ物には作り手の心がこもっていないとか、危険な食べ物だからと忌み嫌っている人も多いようです。

けれども、悪いのは食べ物ではありません。もし、あなたが健康を害しているとしたら、それは、あなた自身が食べ物に対して持っている記憶のせいなのです。あなたが長年、ある種の食べ物のことを汚れている、不健康でよくない食べ物だ、と思い込んでいるために、その思いが食事にも影響してしまうのです。

何かの機会に、ハンバーガーを食べることを禁止している人が食べることになったとします。その時、その人は、本当は食べたくないのだけれど、今はこの体に悪い食事で済ますしかないなと頭で決めつけて食べるのでしょう。けれども、本当にハンバーガーは体に悪いものでしょうか？　食べる時にマイナスの記憶を「食事ができることに感謝します。ありがとう。体に悪いものと決めつけて、ごめんなさい。愛しています」とクリーニングをすれば、ハンバーガーを喜んで食べることができるはずなのです。

もちろん、このクリーニングは「私は本当にハンバーガーが好きではないんです！」という人にはお勧めしませんが、「本当はたまには食べてみたかったんだ」という人は試してみてはいかがですか？

抵抗を感じる、感じないに関わらず、食事をする前には、いつも食べ物に向かって「ありがとう」と声をかけてから食べ始めてください。それだけで、大好物だったものが更においしく感じられます。また、食事を作ってくれた人にも感謝の言葉を忘れないようにしましょう。そうすれば、食物は喜んであなたの血となり肉となって、健康な体を保つことに協力してくれることでしょう。

クリーニングは、
存在するすべての人やものに
絶大な影響を与えます。

クリーニングすることで、本来の能力を発揮できます。

私たちのなすべきことは、ただ、記憶によってがんじがらめになった状況をクリーニングすること。何も難しく考える必要はありません。というより、何も考えてはいけないのです。あれこれと考えることで新たな記憶を備えてしまうのですから。

けれども、思慮深いあなたは、クリーニングを行うというのは、具体的には、どんなことなのだろう、クリーニングを行うことで、何が起こっているのだろう、と疑問に思うかもしれません。

ここでは、その疑問にお答えしましょう。あなたが「ありがとう。ごめんなさい。許してください。愛しています」という四つのフレーズを唱える声がウニヒピリに伝われば、神聖なる存在からのインスピレーションが降りてくるのを妨げていた記憶を消去することができるのです。

世の中には、お金やセックスなどを悪だと決めつけている人がいます。そのため、お金を儲けることもできなければ、好きな人がいても告白することができません。そうした人の心の中に植えつけられた罪悪感が、いつ、誰によってもたらされたのか？　両親の影響かもしれませんし、幼児体験によるトラウマかもしれません。けれども、いずれにしても、そんな人生は不幸です。マイナスの記憶によって、がんじがらめになっている人は、オーラもどんよりしてしまっているのですから。

オーラとは人から放出されているエナジーのようなもので、目には見えないものですが、周囲に与える影響は非常に大きいのです。「この人と関わりたくないな」といった感覚は単なる勘ではなく、相手のオーラを感じ取っているため。お金に対してマイナスの記憶をもっている人は、仕事で成功を収めている人から敬遠され、ますますお金は離れていきます。また、性に対してマイナスな記憶を持っている人は、どこか暗く、歪んだ雰囲気をまとっているため、恋人ができません。そのままでは、いつまでたっても不幸のループから抜け出せないのです。

幸せになりたいと思うのであれば、まずは、思い込みの原因となってしまっている自分の中の記憶を消去するために、ウニヒピリに語りかけましょう。たとえば「あなたがお金や性的なことを蔑視《べっし》するようになったのは私の責任です。ごめんなさい、許してください。あなたを愛しています」と言います。「私の責任」という言葉に特に意味を求める必要はありません。それは罪ではないのです。ただ、自分に起こるすべてのことは、自分の責任。後悔をすることも、反省をする必要もありません。

余計なことは考えないで、ひたすらクリーニングを繰り返すこと。そうすれば、あなたのオーラは輝きを取り戻し、バランスを保ちながら、本来の能力を発揮することができるのです。

立ち止まらず、クリーニングしよう。

あなたがクリーニングすることによって、生命意識は次世代へと引き継がれていきます。

毎瞬毎瞬記憶が再生され続けるので、クリーニングは生きている限り続ける必要があります。それほど記憶というのは私たちにしみついているものです。ですから、生きているあいだ中、記憶の消去に努めなければ、私たちは、どこまでも過去の記憶に引きずられてしまいます。

クリーニングが日常の一部になりさえすれば問題はないのですが、中にはクリーニングを行うのが面倒臭いとか、記憶は記憶なのだから放っておけばいいじゃないか、などと考える人もいます。

けれども、記憶のクリーニングは個人レベルの問題にはとどまらないのです。今、生きている私たちがクリーニングを放棄してしまうと、未来の子孫にまでずっと記憶が影響してしまうことになります。私たちが地球上で活動していられるのも、はるか昔から祖先たちが清めを行ってくれていたからなのです。

あなたが生まれる以前からの記憶が、あなたに悲しみという感情を引き起こす場合もありますが、それはあなたに、クリーニングする機会を、潜在意識が与えてくれているのです。そのことに気づいたあなたがクリーニングを行うことによって、記憶が消去され、あなたは心の平和を取り戻します。あなた一人がクリーニングを行うことで世界中が平和になるのです。現在だけではありません。未来に至るまでゼロのエナジーで満たすことができるのです。記憶を浄化するという営みは脈々と受け継がれていかなくてはなりません。一人ひとりが自分の記憶を自分で消すためにクリーニングをする。それは人間の使命なのです。

日々、クリーニング。

蓄積してしまう記憶は瞬間ごとに消去しよう。

私たちを悩ます記憶には実にさまざまな種類があります。小さい頃から姉妹、兄弟と比べられてきたことで備わってしまったコンプレックス、両親と同様に、自分は幸せな人生を送れるはずがないというような誤った思い込み、あるいは仕事や勉強を知らずしらずのうちに頑張りすぎて、体が悲鳴を上げているなどのストレスも記憶の一種です。記憶が長年たまった状態となると、対人関係におけるさまざまなトラブルを生み、最悪の場合には犯罪を起こす引き金にまでなってしまいます。

放っておくと蓄積してしまう記憶は、瞬間ごとに消去していかなくてはならないのです。

そこで「人生とは、日々、クリーニング」ということになります。

なんだか、一生かけて毎日お掃除ばかりしているようなイメージですが、人生とはそういうもの。何か感動的な物事に出会って幸せを実感したかと思えば、次の瞬間には悲劇的な出来事が待っていたりします。この世に起こる思いがけない事象に愕然《がくぜん》とすることもありますが、おびえたり、現実と向き合うことから逃げたりするのは得策ではありません。自分が生きている以上、どんなことも受け入れなくてはいけないのだと腹をくくり、乗り越えていくことに意味があるのだと考える必要があります。

心を研ぎ澄まして、そこに聞こえてくる神聖なる存在からのインスピレーションが降りてきたら実行すること。そうすれば、どんな悩みも迷いも消し去ることができるでしょう。

こと。プラスチックやガラス、コルク素材などのふたを使用してください。もともと金属製のふたがついていたり、ふたがない場合には、サランラップをかけて輪ゴムで固定させるとよいでしょう。
④水を入れた青いガラス瓶を太陽の光が当たる場所に置いて、30分～１時間放置します。曇っていたり、雨が降っていたりする日は、白熱灯の下に置いても同じ効果を得ることができますが、蛍光灯では効果がありません。

・完成したブルーソーラーウォーターは、ペットボトルなど別の容器に入れ替えても構いません。
・ブルーソーラーウォーターを飲む場合には、普通のお水や飲物に何滴かたらしてもいいです。１日に２リットルくらい飲むのが理想的です。冷やしても温めても効果は変わりませんが、生水ですので、なるべく早く使い切ることをお勧めします。
・外出先などで、ブルーソーラーウォーターを飲みたくても飲めない時には、飲むイメージをするだけでも効果があります。
・心のコントロールが困難な時には、ブルーソーラーウォーターに新鮮なレモンを1、２滴加えて飲むとよいでしょう。

1

ブルーソーラーウォーター

「奇跡の水」「命の水」と呼ばれるブルーソーラーウォーターを飲んだり、お料理に使ったり、お風呂のお湯に加えたり、洗髪や洗顔、洗濯などに使うことで、嫌な記憶をクリーニングすることができます。

また、仕事をしているデスクの上にブルーソーラーウォーターを4分の3ほど注いだコップを置いておけば、自動的にクリーニングをしてくれるため、集中力を発揮し、仕事が進みます。パソコンの電磁波による体への悪影響となるメモリーをクリーニングする効果もあります。

ブルーソーラーウォーターのレシピ

①市販されている青いガラス瓶を用意します。ワインのボトルなどには青いガラス瓶がありますので、空き瓶を利用してもよいでしょう。青い瓶がない場合は、透明な瓶に青いセロファンを巻いて代用してもかまいません。

②青いガラス瓶の中に、水道水またはミネラルウォーターを注ぎます。

③水を満たしたガラス瓶にふたをします。ここでのポイントは金属製のふたを使用しない

ホ・オポノポノで父と夫がアルコール依存症を克服した！

自営業　匿名希望

ある日の事、いつも楽しみにしている友人のミクシィの記事に、ホ・オポノポノの記事が添付されていました。

私はフラを学んでいるので、レッスンの後は必ず、ホ・オポノポノと称して、一人ひとりとレッスンの感想を分かち合う事をしていましたので、ホ・オポノポノなら知ってるーと喜び、記事を読み進めていくと、私が今まで思っていたホ・オポノポノとはまるっきり違う、常識を覆す内容でした。

理屈では絶対に理解できない内容でしたが、何故かとても腑に落ち、早速、自分に今まで何度も繰り返し現れる現象はなんだろう？　と内観してみると、私の唯一の問題とはアルコールに関する事でした。

※ヒューレン博士、ご本人の希望により、体験談はご本人の原文をそのまま載せています。

幼い頃から、父のアルコールに溺れる癖が大嫌いで、それから逃げるように結婚したら、今度は結婚した相手がアルコール中毒でした。

そして、実際に結婚生活から逃げて実家に戻ってきたら、今度はビジネスのパートナーがアルコールで多々問題を起こす人でした。

そして、自分自身に関しても、付き合いだからと無理してお酒を飲んでいた事に気がつき、そのことに気づいた瞬間からお酒を飲むのをやめました。

そして早速、「四つの言葉」を素直に繰り返し繰り返し言い続けていました。

2、3日経ったころでしょうか。父が夜にお茶を飲んでいる事に気づき、体調でも悪いの？　と聞いてみると、「もう歳だから、なるべく飲まないようにしている」とのこと。毎晩の晩酌を何十年も続けてきた父が、お茶を飲んでいるのを見たのが初めてだったので、本当に驚きました。今でも彼はお茶を飲んでいます。

ビジネスパートナーに関しては、お酒を完全に止めたわけではないけれど、周りが驚くくらい摂取量が減りました。今年めでたく結婚し、来年の1月には子供も生まれます。

以前結婚した相手は、今はもう天に召されてしまいましたが、私がホ・オポノポノをしている事によって浄化、天昇されていると心より信じています。

それから、色々な目の前に現れる現象を、ただ淡々とホ・オポノポノを繰り返していました。

そして今では、テレビのニュース以外はホ・オポノポノをするような機会に恵まれないほど（笑）、穏やかで心安らかに過ごしております。

これも、紹介してくれた友人を始め、ライフワークとして世界中をまわりホ・オポノポノを伝えてくださっているヒューレン博士のお陰だと心より感謝しております。

これからも、神様からいただいた素晴らしいギフトである「ごめんなさい」「許してください」「ありがとう」「愛しています」の四つの言葉を周りの人にも伝え、大切に使っていきたいと思います。

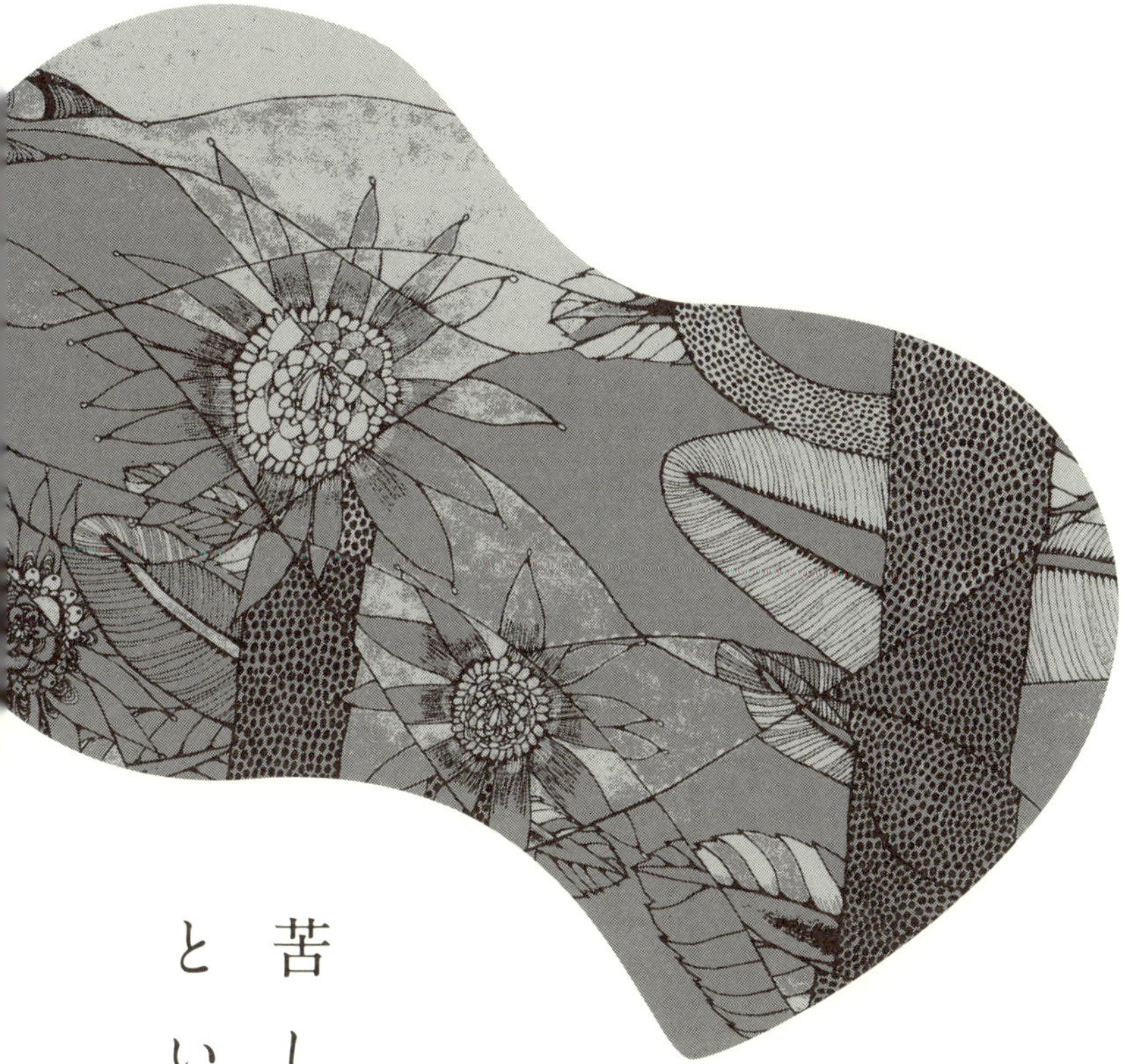

第二章

苦しみを手放すということ

あらゆる苦しみや悲しみは、
潜在意識の中にある記憶の再生によるものです。

記憶を持っていると余計なことを考えすぎてしまう。

人間の行動を規定しているものは、「記憶」と「インスピレーション」です。

時間の流れの中で生きている限り、人間に記憶はつきものですが、善しにつけ悪しきにつけ、記憶を持つことで、人間は考えすぎてしまう傾向にあります。

嫌な出来事を思い出してはクヨクヨしてしまい仕事も何も手につかなくなる人、こうなったらどうしようなどとおろおろとしてしまうことが過度のストレスとなって発病してしまう人など、記憶が人間に与える害は多大なものです。記憶は人間の潜在意識に存在し、折にふれ意識にのぼって過去の出来事を思い出させるのです。

一方、インスピレーションはどうでしょうか？　インスピレーションとは霊感のことですが、記憶に比べればなじみの薄いものかもしれません。けれども、実は霊感も記憶と同様に、すべての人に与えられているものです。霊感とは、神聖なる存在から私たちの超意識、それから意識へと降りてくるもの（P46の図参照）。神聖なる存在が位置する場所は、記憶ゼロの空間が広がっているとされています。つまりゼロの空間に到達することができれば、私たちが普段所属している俗世とはかけ離れた精神状態に入ることができるのです。なんだか神秘的な話だと思う人がいるかもしれませんが、私たち人間は神の子。人によって、あるいは置かれている状況によって違いはありますが、誰もが霊感を備えているということがいえるのです。

人間の存在をP46の図のような三角形でとらえてみるとよくわかります。記憶の眠る潜在意識が底のほうにあり、その上に顕在意識があり、普段はこの顕在意識のもとに食べたり話したり仕事をしたりしています。更に顕在意識の上部には超意識と呼ばれる層がありますます。これは顕在意識を超えた意識のことで、神聖なる存在により近づけた時にもたらされる意識であるといえるでしょう。そして、超意識の上の最も高いところにあるのが神聖なる存在の位置するゼロの空間です。

神聖なる存在からのメッセージは私たちの記憶が妨げていると降りてきません。ですからクリーニングをして、記憶を消去しなくてはいけないのです。神聖なる存在からのインスピレーションによって、人生は自然の流れを作りだし、私たちは本来の能力を発揮することができるのですから。

ホ・オポノポノとは、蓄積した記憶によって考えすぎてしまった結果、苦しみや災いを招いてしまった人間が、ゼロの状態となり、神聖なる存在からのインスピレーションを得るために不可欠なプロセスのことなのです。

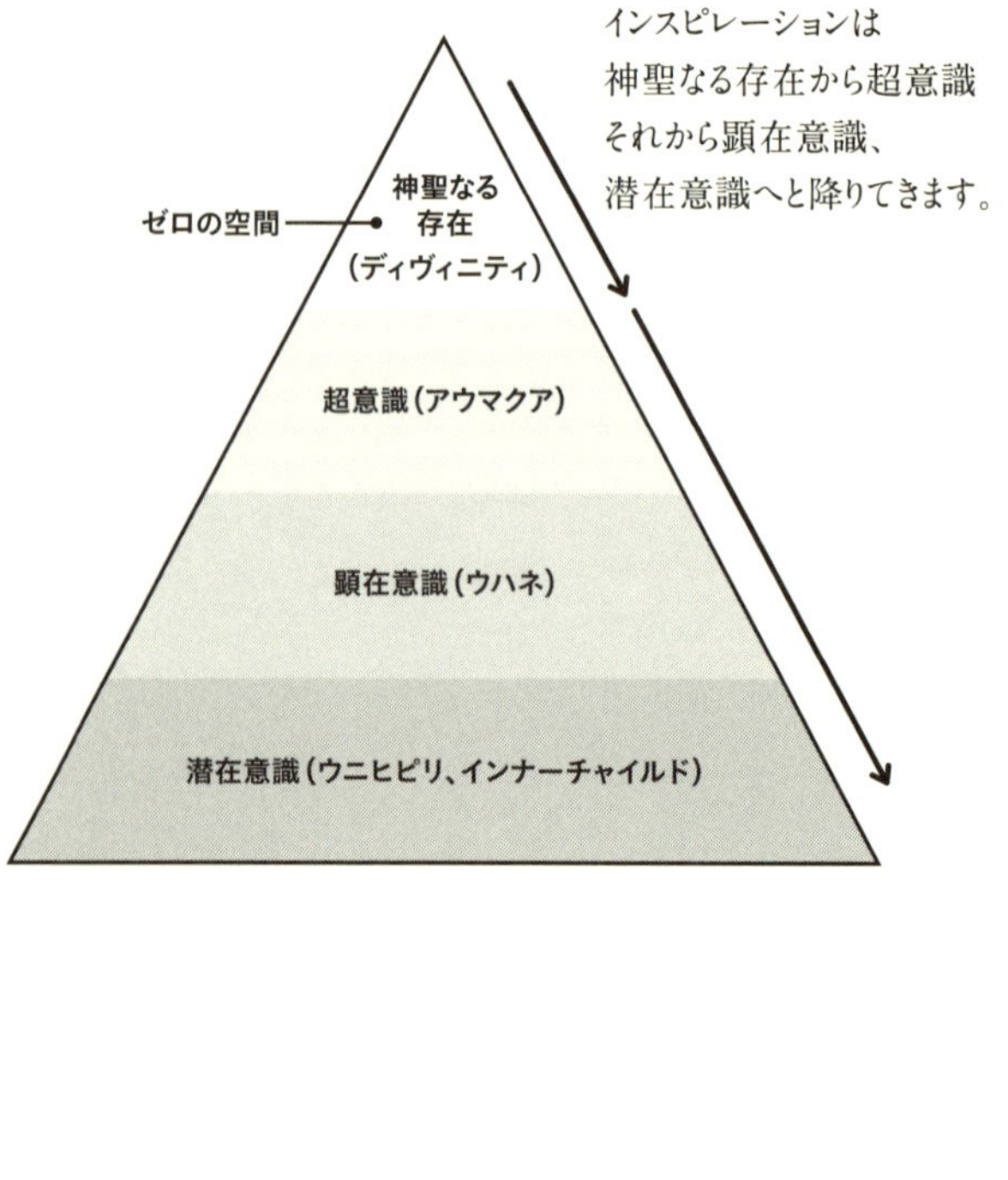
インスピレーションは
神聖なる存在から超意識
それから顕在意識、
潜在意識へと降りてきます。
ゼロの空間
神聖なる
存在
（ディヴィニティ）
超意識（アウマクア）
顕在意識（ウハネ）
潜在意識（ウニヒピリ、インナーチャイルド）

記憶している過去の出来事から解放されよう。

名づけ方ひとつでも記憶が影響してしまいます。

ここでは新しい生命が誕生する時につけられる「名前」について考えてみましょう。名前というのは、赤ちゃんが生まれた時、両親や祖父母が期待を込めて命名するものですが、うっかりすると名づけ人の記憶が再生されてしまう危険性をはらんでいます。

以前、私のところにうつ病に苦しんでいる方がお見えになったことがありました。私はカウンセリングなどは行わず、その人の生年月日とフルネームだけを聞いてクリーニングをするのですが、フルネームを確認すると、なぜだかわかりませんが、その人が自分の名前が命名された時の状況を話し始めたのです。その話から親や祖父母など周囲にいた多数の人たちが名前をつけたがっていたことがわかりました。結論から言えば、その人のうつ病は、複数の意味を持ったシンプルではない名前がつけられていたことによるものだったのです。

多くの価値観の違う人たちの期待を背負って生きていると、成長するにしたがって、自分の名前と自分とがどこかしっくりこない感じを抱き始めます。何をする時にも、いつもギクシャクとした感覚に襲われ途方に暮れてしまう。そのストレスが引き金となって、さまざまな病を発症してしまうことがあるのです。その人の場合も、本人の潜在意識に多くの人の記憶が再生されて、心が戸惑いを覚えてしまった例であるといえます。

名前はこのように、名づける人たちの記憶に影響されやすいもの。子どもの名前に限らず、ペットの名前、建物名、会社名、書名、歌のタイトルなど、あらゆる創造物には、作り手の思いが反映します。いい加減な思いや、おしつけがましさ、投げやりな感情などをはらんでいると、記憶が再生してよい結果が生まれません。そこで何かを名づける時には、クリーニングを通して、自分をゼロの状態にしてから行うとよいでしょう。ホ・オポノポノでは、すべてのものに意識があると考えます。ペットであれ子どもであれ、会社であっても、そのものがどう名づけられたいかを聞きましょう。

このような話をすると、すでに名づけてしまったものについて責任を感じ、自分の思いついた名前のせいで誰かを苦しめているかもしれない、仕事がうまくいかないのは自分が名づけた社名のせいではないか？などと不安に思われる人がいるかもしれません。けれども、不安に思うのもまた、受け継がれてきた記憶の影響なのです。すぐにクリーニングを始めましょう。すべての記憶を消去し、ゼロの状態に戻ることの重要さに気づくことこそが、物事がよい方向へと動き始める第一歩なのです。

記憶を消して、手放そう。

お金にこだわらない人が豊かである理由。

記憶を手放すクリーニングの重要性について、お金の流れを例に考えてみることにしましょう。

クリーニングは、人間関係を修復するだけでなく、あなたの身の回りのお金の流れも整えてくれます。

借金や破産は、お金に対する記憶が心の中に蓄積されている証拠です。借金も破産も、お金がないと困るという過去の記憶によってお金に執着した結果、もたらされるのです。お金で豊かさを手に入れようと躍起になればなるほど、お金は離れていきます。無理をしてお金を追い求めるあまり、あなたの潜在意識の中にある記憶が再生され、ウニヒピリが苦しい思いをするからです。記憶が消去されない限り、記憶が邪魔をして、神聖なる存在からのインスピレーションが聞こえなくなってしまいますので、正しい判断ができず、安易に稼げるという触れ込みの儲け話に乗って損をしたり、詐欺にあったりしてしまいがちなのです。インスピレーションは常に降り続けているのです。

お金に関する記憶には、さまざまなものがあります。たとえば株の取り引きで儲かったという成功体験であったり、ボーナスを今よりも多くもらっていた時の高揚感かもしれません。あるいは泥棒に入られたとか、人に貸して返ってこない苦い体験である場合もあるでしょう。けれども、よい記憶も悪い記憶も消し去る必要があります。お金の問題に直面するたびに記憶が再生し、平常心でいられなくなってしまうからです。記憶にもいろいろありますが、お金に関する記憶は非常にパワーが強く、時には人格を破壊してしまうこともありますので、充分にクリーニングしてください。

お金が上手に流れている人は、お金の記憶に翻弄されていません。お金に翻弄されることがないのです。期待する気持ちをクリーニングして、お金の記憶をクリーニングすれば、自然とそうなります。

「記憶を消して、手放す」というと、お金が入ってこなくなるようなイメージを持つ人がいるかもしれませんが、そうではありません。お金はあなたの心の内を示しているのです。人はあなたのお金の使い方やこだわり方から、あなたの人格を見抜いています。人のために気持ちよくお金を使う人に対しては、よい感情を抱き、困った時には手を差し伸べてくれるでしょう。お金に対して信用のある人となら一緒に組んで仕事をしたいと誰もが思うのではないでしょうか？

あなたは、クリーニングし自らの記憶を消去することで、お金を消してしまうのではなく、記憶を消去することによって、神聖なる存在からのインスピレーションを受け止めるためのスペースを確保するのです。

「お金は天下の回り物」という日本のことわざがあるそうですが、この言葉はまさに本質を突いていると思います。この世には、目に見えないお金の流れというものがあって、私たちの意思とは無関係のところで動いています。記憶を消去し、自然な流れに沿って生きていれば、お金に対するやさしさが生まれるのです。

生きる目的は、
私たちそれぞれが抱える悩みを消去すること。

悩むのは無意味です。悩みを解決するのに、クリーニングに勝るものはありません。

ホ・オポノポノでは、生きる究極の目的は、クリーニングすることだけです。

例として、重い障害を持って生まれてきた子を持つ母親の心理を考えてみましょう。この世に生まれてくるのは、五体満足な子どもたちばかりではありません。ハンディキャップのある子どもを持つ親は、往々にして自分を責めてしまいがちです。もちろん、それはわが子に対する愛の表れですが、そこから前向きに進むことができずにいるのは、ハンディキャップがあることは不幸なことだという親の勝手な思い込み、親の中にある記憶が原因なのです。

それは、「障害を持つことは不幸だ」という先入観。周りの人の目を意識して恥ずかしがったり、負い目を感じてしまう心の奥にあるのは「障害があるかわいそうなわが子」という思いでしょう。けれども、そんな記憶はただちに消去してしまわなくてはいけません。

自分の中のどの記憶がこの子が「ハンディキャップを持っている子」と思わせているのだろう？とわき出てくる記憶をすべてクリーニングします。純粋な心を持つ子どもが、まっすぐに育つか、自らを卑下しながら生きていくかは、あなたのクリーニング次第。つまり、どれだけ記憶をクリーニングしているかにかかっているのです。

そればかりか、私のところには、クリーニングを続けた結果、病気だとみなされていた子どもの状態がよくなったという話も報告されています。病気は治らないと決めつけてしまうのも、記憶の仕業なのです。記憶をクリーニングすることが、どれほど大切か、ご理解いただけたでしょうか。

私たちそれぞれが抱える悩みを終わらせることを目標にクリーニングをしていれば、母親が子どもに持つ執着のみならず、さまざまな人が記憶によって他者に及ぼす悪影響を必ず消去することができるのです。

悩み続けるだけで物事が解決しますか？ 暗い顔をしていたり、いつも泣いたりして、周囲の人に辛い状況を押し付けるくらいなら、悩むことを忘れましょう。悩むのは無意味です。その代わりにクリーニングをすること。クリーニングをすれば必然的に悩みから解放されるのです。

「ハー（ha）」呼吸法

①背筋を伸ばして椅子に腰掛けます。

②足をそろえて床につけます。

③ひざの上に両手を乗せ、それぞれの親指と人差し指と中指で輪を作り、両手をくっつけて両手の輪が離れないよう交差させて絡ませます（他の指は楽な状態にします）。

④聖なる息吹をイメージしながら、心の中でゆっくりと1、2、3、4、5、6、7と数えながら鼻から息を吸い込みます。

⑤吸い込んだ後、7秒間、息を止めます。

⑥悪い記憶を吐き出しているというイメージをしながら、7秒間かけてゆっくりと鼻から息を吐き出します。

⑦その後再び7秒間、息を止めます。

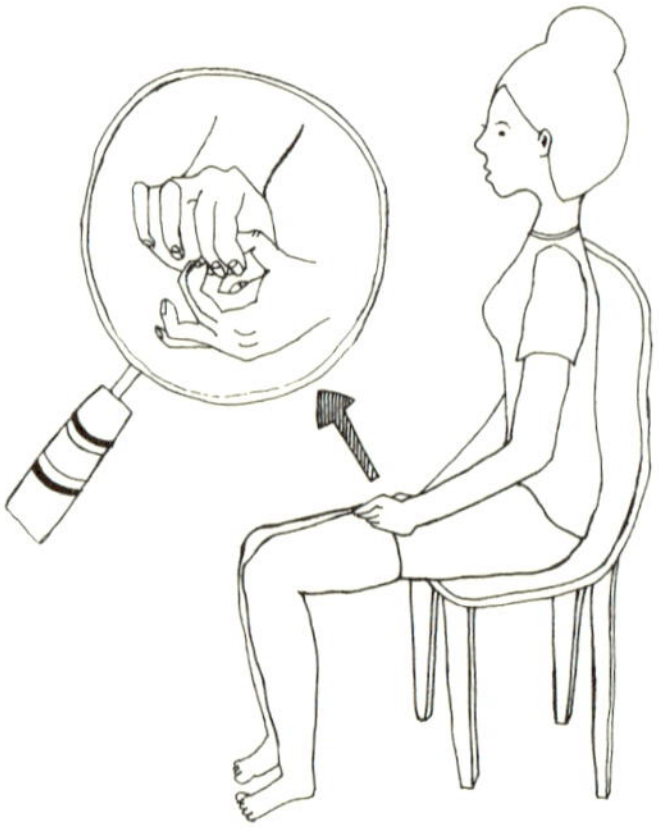

・④～⑦を1ラウンドとして、この呼吸法を7ラウンド繰り返します。

　雑念はすべて消し、呼吸法だけに集中することが大切です。

2

「ハー（ha）」呼吸法

「ハワイ(Hawaii)」や「アロハ(Aloha)」に使われる「ハー(ha)」はハワイ語で「聖なる霊感」という意味。「ハー」には生命エネルギーを活性化させる働きがあります。

つまり「ハワイ」「アロハ」という言葉を口にするだけで、生きるエネルギーを呼び起こすツールとなって潜在意識に送り込まれ、清めのプロセスへとつながっているのです。

「ありがとう」「ごめんなさい」「私を許してください」「愛しています」とウニヒピリに語りかける前に「ハー」の呼吸法を取り入れるようにし、ゼロの状態に近づくために心の環境を整えましょう。

・BGMなどはない静かな環境で行いましょう。

・背中が丸まってこないように注意しましょう。

・移動中や職場など人前では「ハー」の呼吸法を実践できません。そうした場合には、心の中で「ハー」の呼吸法をしているイメージを抱くだけでも効果があります。

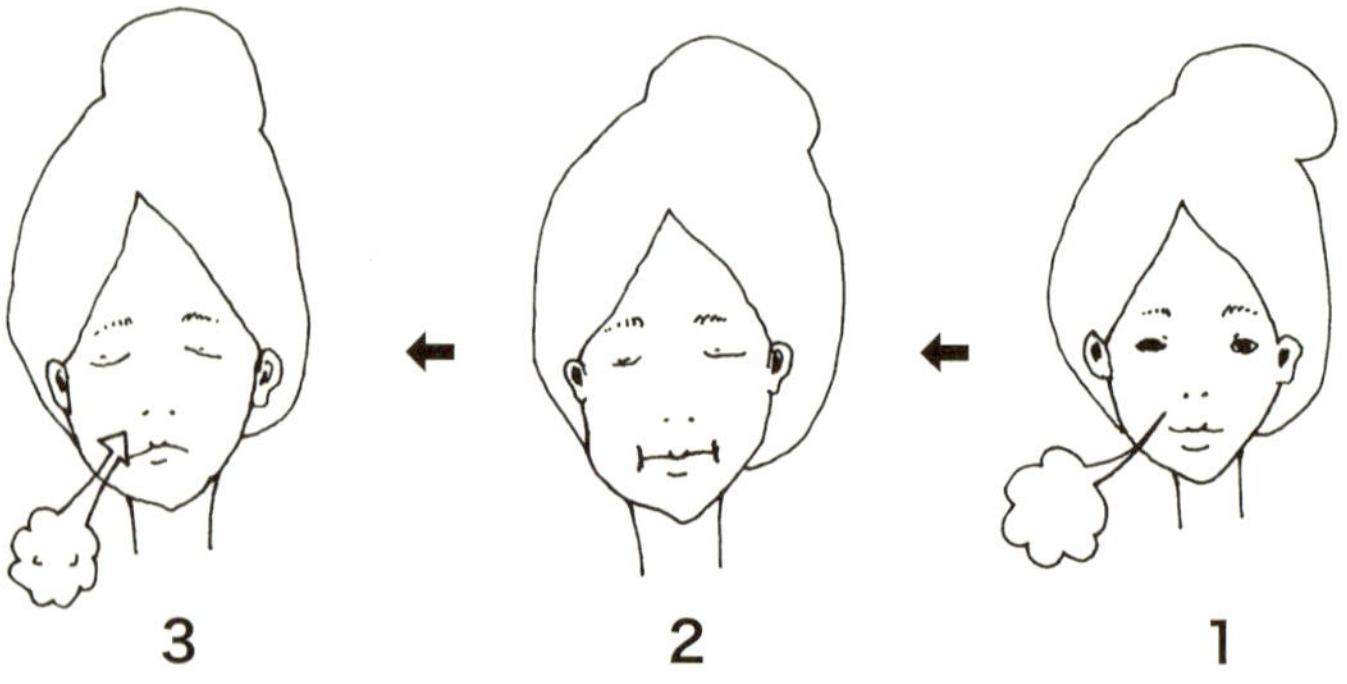

ホ・オポノポノ体験談②

ホ・オポノポノと出会って人生観が変わった！

福嶋洋子さん

この度は、ヒューレン博士に感謝の体験談をお話しする機会を与えて下さった事に心から感謝いたします。ありがとうございます。

私がホ・オポノポノに出会ったのは、パニック障害の息子の治療のため通っていた鍼灸院のセラピストさんが、ヒューレン博士の沖縄でのベーシックコースを受講された時のお話をしてくださったからです。体験談に強くひかれるものを感じました。

しばらくして、日本で初めてホ・オポノポノが紹介されたジョー・ヴィターリさんの本が出版されたので、即購入し何度も読みました。それまで数多くの精神世界の本を読んでいましたが、今までとは全く違う強烈な印象でした。「長い間探していたものは、これだ！」

※ヒューレン博士、ご本人の希望により、体験談はご本人の原文をそのまま載せています。

とワクワクし、私の中の何かが喜んでいるのがわかりました。

どうしてもヒューレン博士にお会いしたい…もっと深く学んでみたい。体の奥からこみ上げてくる思いに突き動かされて、10月のベーシックコースを申し込みました。その時は、病気を治したいとも悩みを解決したいとも全く思っていませんでした。ただ、ヒューレン博士にお会いしたい…その一心でした。

しかし、実際には私の家族は多くの問題を抱えていました。主人は会社を経営していますが、銀行の貸し渋りによって資金繰りに奔走する日々。長男は大学を卒業して1年留学をした後、6年近く就職もしないいわゆるニート。次男は離婚後、心の傷をかかえていました。三男はパニック障害で一人で外出できない状態でした。

私自身も子宮内膜増殖症という病気を抱えていました。4年くらい前から急に、生理痛が陣痛のときのような激痛になり、出血も多く慢性貧血にもなっていました。病院の検査で、悪性腫瘍ではないが、子宮内膜が変形して種瘤になり子宮の中に壁を作っていて、それが、ひどい生理痛と出血を引き起こしている子宮内膜増殖症と診断されました。

手術を進められましたが、躊躇《ちゅうちょ》している私を見て、セカンドオピニオンとして大きな病院を紹介して下さり、再検査する事となりました。ＭＲＩ検査の結果、幸い悪性腫瘍では

ないが、悪性に変わる可能性も否めず、変性筋腫であるとの結果でした。手術をすすめられましたが、様子をみることになりました。それから、4カ月に一度検診を受けていましたが、1カ月に一度必ず襲ってくる激痛に耐えられなくなり、手術したほうが楽になるかもしれない…と思い始めていました。

念願だったヒューレン博士にお会いすることができ、10月のベーシックコースを受講した際、ヒューレン博士やスタッフの方達がクリーニングされていたからでしょうか？　会場が愛にあふれていて、懐かしくあたたかな気持ちになりました。

ヒューレン博士のセミナーの中で、「ただ、クリーニングすればよいのです。問題に対して、原因も理屈も分析もする必要はない。ただメモリーが再生しているだけの事。消去すればいいだけです」との言葉に、肩の荷が下りたというかとっても楽な気持ちになり、涙が止まりませんでした。

精神世界を勉強していた私は、すべての原因は自分が引き寄せている事はわかっていました。

家族がこのような状態になったのは、自分のどこが悪かったのか…。自己分析し自分自身を責め、罪悪感と後悔の念で一杯だったのです。自分を愛し、癒すことが何よりも大切だと分かっていながらも、ネガティブな思考は消えることはなかったのです。

帰ってから、教えていただいたクリーニングツールを使ってクリーニングをしました。柿の葉が生殖器のメモリーのクリーニングツールだと聞いたので、柿の葉を子宮にあててみたり、「ありがとう、ごめんなさい。許してください。愛しています」とただ心の中で繰り返したり、アイスブルーと言って植物に触れたり、ブルーソーラーウォーターを使ったり、ウニヒピリと会話してみたり、一生懸命、頑張りました。気がついたら、何かやっていたと言う感じです。

すると、いつの間にか、ホ・オポノポノを実践している多くの人達と出会うようになりました。何度もヒューレン博士のセミナーを受講されて、「ホ・オポノポノは究極のヒーリングよ」とおっしゃるセラピストさんからヒーリングを学ぶことができたり、本を読んで共感したと言う友人たち、皆のクリーニングの相乗効果もあったのだと思います。

10月のベーシックコースから、11月の大阪でのビジネスクラスを受講するまでの間、何年も就職できなかった長男がすんなり就職が決まり、パニック障害の三男も、バスに乗って一人で出かけられるまで状態が良くなりました。そして私も、10月末の検査では、不思議なことに子宮の中の筋層内には種瘤は無く、きれいな子宮になっていたのです。

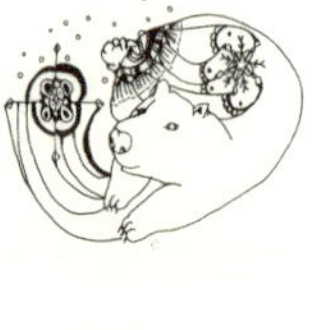

11月の生理の時はウソのように痛みは無く、出血も普通でした。子宮の中に溜まったメモリーが消去され、ただゼロになり、本来の子宮そのものの姿に戻っただけなのでしょうか？　何が起きたのか私にはわかりません。

担当医も「映像に映っていたのは何でしょうね？」と首をかしげておられましたが、私に付いていた子宮内膜増殖症と言う病名は消去されました。私はただ、教えてもらったクリーニングツールを何も深く考えないで楽しんでやっていただけです。

ヒューレン博士は、「ホ・オポノポノはシンプルだけど続けることは難しい」とおっしゃいました。

今も、私の中のメモリーは絶え間なく再生されています。毎瞬毎秒クリーニングは必要です。でも、以前のように目の前で起こることに右往左往しなくなり、穏やかな心を保てるようになりました。ただクリーニングをして、後は神聖なる存在にお任せしていればいいのですから…。

ヒューレン博士に出会えて、ホ・オポノポノに出会えて本当に幸せで、感謝で一杯です。

本当にありがとうございました。愛を込めて。

第三章

生きるということ

生きるとは、
あらゆる記憶を消去すること！

潜在意識の中のプラスとマイナスの記憶はクリーニングできる！

あなたは、誰もが持っている潜在意識について考えてみたことがありますか？　潜在意識とは、私たちが知覚している意識とは別に、心の奥底に備わっている、通常「表面には表れてこない意識」のことです。

この潜在意識には、過去にあなたが経験してきた、いろいろな記憶が保存されているのです。その記憶には楽しかった思い出、感動的だった出来事などのほかにも、失敗して嫌な思いをした記憶や、大切な人との辛い別れ、大きな挫折感や強い憎しみなど、さまざまな負の記憶も含まれています。

また、この潜在意識の中にある過去の記憶というのは、あなたが経験したもののみならず、宇宙が創生してからのあらゆる記憶とつながっています。世界中で戦争が繰り返されたり、殺人事件などの忌まわしい事件が繰り返し発生したりするのも、すべて過去における人類の記憶が、私たち一人ひとりの中で再生されているからなのです。

同様に、あなたが日常の中で抱えてしまうすべての辛さや苦しみも、あなた自身の潜在意識が生み出しています。潜在意識の中にある記憶を再生させることによって問題とされる現象を引き起こすのです。

嫌な記憶が生まれながら私たちの中に備わってしまっているのなら、どうしようもないのではないか？　と思われる方がいるかもしれません。しかし、心配はいりません。なぜなら、これらの苦しみや悲しみは、すべてクリーニングによって消去していくことが可能だからです。

潜在意識というのは、今こうしている瞬間にも過去から引き継いだ膨大な記憶を再生しています。ですから、私たちは、今まさにこうしている間に、さっそくクリーニングを始めればよいのです。再生され続けるものをクリーニングし続ける。ただ、それだけです。

クリーニングの仕方はシンプルです。「ありがとう。ごめんなさい。許してください。愛しています」、この四つの言葉でクリーニングすれば、過去の記憶は消去され、クリーンな状態、ゼロの状態になるのです。

さっそく今から始めてみてください。あなたはクリーニングし続けるうちに、悲しみが少しずつ消えていくことに気づくことでしょう。大切なのは、クリーニングをし続けることなのです。

自分の人生で起こることに
100%責任を持とう。

すべての出来事はあなたが作り出している。

あなたが目にすることすべてに責任を持ちましょう。自分だけのことでなく、他人の中で起きている問題に対しても、その原因が自分の中にあるという考え方がホ・オポノポノです。

たとえば、あなたが自分は愚痴っぽい性格だと自覚しているなら、「自分の中にある記憶のせいで、自分は愚痴っぽい性格になっているのだ」ととらえます。

あなたが営業マンで、取引先からひどい扱いを受けたら、それを恨みに思うのではなく、「相手がこんなことをしてくる原因は自分の中にあるのだ」とするのです。

あなたが教師であれば、クラスにいる問題児を敵視するのではなく、「自分のどの記憶がこの子に問題行動を起こさせているのだろうか?」とし、あなたが看護師で、闘病の痛みに苦しむ患者さんを担当しているなら、「自分の中にこの患者さんを苦しめる記憶があるのだろうか?」とします。

つまり、自分に関わるすべてのことは偶然ではないととらえ、すべてのことに責任を持つのです。

自分にも他人にも100%の責任を持つということは、すべてを自分の問題として受け入れるということです。

たとえばパートナーの勤める会社が倒産しそうだといった出来事でも、そのことであなたが心を悩ませている以上、それは、あなたにとって決して他人事ではないのです。他人の人生だ、自分とは関係ない、と思えるようなことでも、実際にはあなたの心の内にある記憶のせいなのですから。パートナーが体験することは、あなたが体験していることでもあるのです。

そこで何もかも引き受けてしまうことにおびえないでください。悶々《もんもん》と悩みを深めたり、ネガティブな感情の澱《おり》に沈んでいたりしても何も始まりません。悩む暇があったら、さっさとクリーニングを始めること。始めた人から次の第一歩を踏み出せるからです。

クリーニングを行うのは、自分のためです。誰かのために祈るというよりも、誰かに降りかかった災難を自分のこととして引き受けることを決めたあなたが、あなた自身を救いたいから、浄化したいから、クリーニングを行うのです。

いつも、あらゆる物事は自分の中から生成しているというふうにとらえてみてください。

人生に起こるすべてのことは、
あなたの記憶が再生する結果です。

ハワイの州立病院の精神科病棟で私が体験したこと。

以前、私は心理学者として、ハワイの州立病院精神科病棟にいる重大な罪を犯した犯罪者たちをケアする立場にいました。彼らはレイプ、薬物使用、殺人事件などを犯しており、一般病棟とは隔離された彼らの収容病棟は、常にどす黒く殺気立っていました。実際に患者たちからの職員への暴力も日常茶飯事のように行われていました。職員の離職率は極めて高く、患者は拘束具をつけられている有様でした。

私はここへ赴任し、ホ・オポノポノを試みたのです。本来、心理学者は患者にセラピーやカウンセリングをするのが普通ですが、私が一切そのようなことを行わなかったので、最初みんなはいぶかしがりました。しかし、数カ月後、結果が現れてきたのです。

患者と職員の表情は生き生きとしてきました。建物にも心地よい空気が戻ってきました。拘束具は不要となり、暴力行為もおさまり、患者たちは社会復帰のための更生活動を再開できるまでになったのです。

皆が、ドクター・ヒューレンは何か特別なことをしたのか?と不思議がりました。誰もホ・オポノポノのことを知らなかったからです。

私は、ただひたすらクリーニングしました。特別なことなどしていません。心の中で「ありがとう」、「ごめんなさい」、「許してください」、「愛しています」とつぶいただけです。

最初の頃、それがなぜ変化をもたらすことになるのか、みんな理解できなかったようです。「いったい、誰に向って謝っているのか?」とか「愛していますって、誰を?」など、さまざまな疑問をぶつけてきましたが、私は繰り返し伝えてきました。「自分の記憶に対してそれを行うんだよ」と。

記憶がすべての現象の根源だったのです。過去から持ってしまっている偏見やわだかまり、絶望感、それらのすべてが負の記憶となり、潜在意識の中でプログラミングされて再生していたのです。そのせいで、物事がよくない方向にいっていたのです。

そして、記憶を作り出していたのは、私であり、あなたであり、つまり一人ひとりの潜在意識だったのです。

だから私は、患者たちを変えようと無理に力を示そうとはしませんでした。このような状況を作り出しているのは、ほかならぬ自分の記憶のせいだからです。そこで私は、記憶に「愛しているよ」と毎日繰り返し、愛のメッセージを伝え続けたのでした。

このクリーニングを行う過程で、私の中の記憶と犯罪者たちの記憶が共有される時期がきました。その時、私は体の内側に痛みを感じるようになりましたが、これは進化の前触れだと思い、ただひたすらクリーニングを行うことに専念していたのです。

はた目にはカウンセリングもしないで、いったい彼は何をやっているのだろう?と思われていたのですが、私はクリーニングし続けることがもたらす問題の解決を信じていました。

そして、結果は私の信じたとおりになりました。記憶の再生が治まったのと同時に、問題はクリアとなり、施設全体にこれまでにない調和が生まれたのです。

こうして、私はクリーニングをし続けることの大切さを確信しました。

バランスを取って、
自分の中の軸を整えよう。

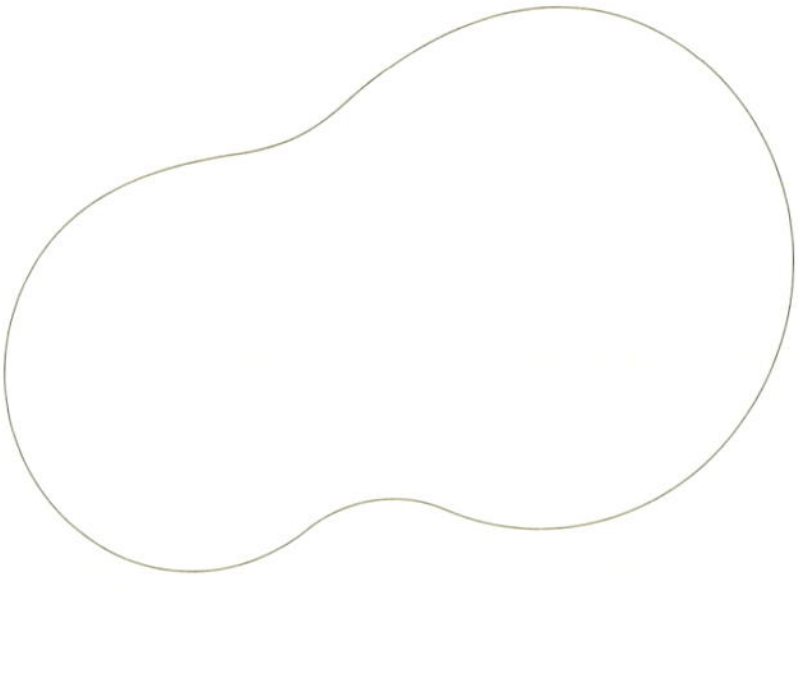

周りのものに記憶が影響を与えることでバランスを崩すことがある。

バランスを取るとは、ものごとが本来そうあるべき姿や状態に戻してあげることをいいます。バランスが崩れていると、あなたはどこか体調が変だと感じたり、なんとなく気分が落ち着かなくなったりしているはずです。そんな時には身の回りにあるものを一つひとつクリーニングしてみましょう。

悲しい体験をしていた人が着ていた服やアクセサリー、借金に苦しんでいた人が泣く泣く手放した高価な品、未練を残しながら不幸な別れを招いてしまった人たちの間に共通する思い出の品などには、他者の強い記憶がこびりついていることが考えられます。あなたの記憶だけでなく、誰か別の人の記憶もあなたの運命に強く影響してしまうのです。

過去において人が亡くなった場所などは、そのような理由から直観的に人々に敬遠されがちですが、そんな時でもクリーニングをきちんと行えば大丈夫です。

それは、記憶をクリーニングすることで霊たちの悲しみを薄めることができるからです。

愛による信頼関係がもたらされると、場所全体のバランスが整ってきます。そのような場所においては、ぎくしゃくした感覚、のどの奥にひっかかるようなもどかしさ、不快感とは無縁の、心地よい感覚に包まれるのです。

「バランスを取る」とは、自分の中の軸を整えることでもあり、全体的な話でいうと、自分の周りの環境と自分自身の調和をはかる、ということでもあります。

クリーニングをシンプルに続けることで、自分と外界、そのどちらもが劇的にバランスのよい状態になることができるのです。それは、人がみな調和の取れた環境の中でしか本来の力を発揮できないことを意味します。

ちなみに、バランスはハワイ語でポノと呼ばれています。人生にはよいことも悪いことも両方あるからこそ調和が取れるのだという考え方が古代から受け継がれてきました。

自然界には、男性と女性、空と海など、数えきれないほどのものが互いにバランスを保って存在しています。これらがポノの状態でなくなる時には、クリーニングで元の状態に戻してあげることが常に必要なのです。

あなたが迷った時、
やらなければいけないことは限られています。

あなただけの役割をギフトとして受け取っている。

人生においては、他の誰でもなく、あなたが果たす役割が存在します。

あなたが就く職業、あなたが出会う人、あなたやあなたの家族にもたらされる病気、あなたが遭遇する事件、あなたが感じることのすべて……それは、あなたでなければいけないものです。

「なぜ自分が選ばれてしまったのか」と、辛い病気を患った人は思うことでしょう。自分の過去における行いが悪かったせいだろうか？と。でもそこでうつうつと悩み続けても答えなんて出ません。その人の頭に浮かんだ「過去」とはすなわち「記憶」のこと。誰もが記憶を持っているのです。

そして、私たちの心の中の記憶は、最終的には共有されています。なぜなら、世界はこれだけ多くの人やものや事象に満ち溢れていますが、その源泉はあなたの心にあり、別の誰かの心にあり、それらは全体の形をした一つであるから。

自分だけがこんな目に遭うなんて世の中は不公平だ、などと思わないでください。あなたの身に降りかかった出来事は、すべてあなたを記憶と向かい合わせるためのきっかけなのです。

記憶はあなたに愛されるのを待っています。世界は一つにつながっています。ですから、一人ひとりがそれぞれの試練をきっかけに記憶のクリーニングをすることの大切さに気づき、実践すれば、世界は好転します。あなたもその一人であることを忘れないでください。

あなたの周辺に起こるすべてのことは、記憶の再生であり、それに気づくことが大切なのですが、そこに罪の意識を持つ必要はありません。罪の意識を持つということは、考え込んでしまうことにつながり、また新たな記憶の連鎖となってしまうからです。

そこで私は、コンピュータをデリートするように、機械的に「ありがとう。ごめんなさい。許してください。愛しています」とウニヒピリに向かって言えばよいのですと説いています。

最初は、心を込めずに「愛しています」なんて言えません……と戸惑う人も多いのですが、絶えずクリーニングの言葉を口にするうちに、習慣となり、呼吸のようになっていきます。そして、心の中でこのシンプルな言葉が常にリフレインされるようになります。思考するよりも早くクリーニングをしなければ、現実を変えることはできません。

何か生活に変化が訪れたら、何も考えず、シンプルにクリーニングを行うこと。あなたは記憶をクリーニングするために存在しています。それが大いなる存在からのギフトなのです。

選択することはできても、
コントロールすることはできないのです。

流れに身を委ねるのが正しい。

私たち一人ひとりは本来ゼロであり、完璧な存在です。ゼロというのは、自分が自分らしく生きる上での源泉となるものですが、時折記憶が再生し、暴走することがあります。あらゆることは自分自身でコントロールできると錯覚してしまった時、人はエゴイスティックな状態にあるといえます。

ホ・オポノポノの考え方に、「私たち人間は、何かを選択することはできても、コントロールすることはできない」というものがあります。

あなたが実現したいと思っていることがあるとしましょう。それを実現するためには、目的を成就することに固執するのではなく、今起きていることに集中し、ただクリーニングに専念することが大切。いつ、どうやってその夢が叶うのかについて、あれこれと考えてしまう記憶をクリーニングすればよいのです。

思いが叶うかどうかは、すべて、ディヴィニティ（神聖なる存在）からのメッセージ（インスピレーション）に委ねましょう。メッセージを待つのではなく、潜在意識の中にある、あなたの記憶を消す作業だけに専念していればよいのです。

同時にまた、あなたは、その現実をコントロールすることはできません。たとえば、多くの人が、現状の仕事に満足できずに愚痴をこぼしたり、転職をして、よりよい条件で働きたいと願ったりしています。でも今の環境を選択したのは、実は自分なのです。そのことに気づかず、うまく事が運ばないのは自分のせいではないと、現実逃避することは停滞を意味します。

あなたは現実に抵抗して、自分の意のままにすることはできません。しかし、記憶をクリーニングすることによって現実を変化させていくことならできるのです。

運命は記憶です。運命は記憶であり、クリーニングすることでゼロの状態になり、インスピレーションが降りてきます。そのインスピレーションに従って生きるのがホ・オポノポノです。

宇宙には、私たちを動かす二つのエネルギーがあります。それは、記憶の再生とインスピレーションです。この二つだけです。

「アイスブルー」とつぶやきながらイチョウの葉に触れると、肝臓の問題の記憶に働きかけ、毒素の問題の記憶を消してくれます。

カエデの葉は心臓や呼吸器系を改善し、柿の葉は生殖系機能や生理痛などの婦人科系の問題の記憶を解決します。

ピンクの百合、カサブランカは死の恐怖にまつわる記憶を、ボトルバーム（とっくり椰子）は経済や金銭問題に関する記憶をクリーニングすることができるのです。

また、植物を押し花にして、財布や手帳に挟んで持っているだけでもクリーニングできます。

アイスブルー

「ありがとう」「ごめんなさい」「私を許してください」「愛しています」という４つの言葉で、自分の潜在意識の中の記憶をクリーニングすることができますが、「アイスブルー」と言って植物に触れると、痛みに関する記憶のクリーニングを促すことができます。

「アイスブルー」は病気やケガなどによる肉体的な痛みのほか、霊的、物理的、経済的、物質的な心の痛みや痛ましい虐待に関する記憶もクリーニングしてくれるのです。

「アイスブルー」とは氷河の水の色のことですが、自分のイメージする色を思い浮かべながら植物に触れたり、自分が抱える問題に対して心の中でつぶやくようにしましょう。

ホ・オポノポノ体験談③

この世で一番「大切な人＝自分」との出会い

主婦　石川功恵さん

子どもを失い、呆然自失状態になっている時に、夫の強いすすめでヒューレン博士に出会った。セミナーの休憩時間に、我が子を事故で失った事を話すと、博士はしばらく遠くを見た後、強いハグと共に、「子どもはもう天国にいるよ。とても幸せそうにしているから安心しなさい」とおっしゃった。そして、「苦しい自分自身を回復させるために、あなたは、あなたが自分で居られるようにしっかりしなさい」と語り、そのためにこのようにしてみたらよいとアドバイスしてくれた。

実は、ヒューレン博士が何者で、どんなことをしている人かさえ知らないままで参加したセミナーだった。私にとっての博士は、「どこか別の方向を見ていて、視線を合わせない」初対面のアメリカ人だった。その頃の私は、毎日の苦しさと悲しみに、外に助けを求める

※ヒューレン博士、ご本人の希望により、体験談はご本人の原文をそのまま載せています。

ことも考えつかず、重く苦しい日々で、思考も感覚もすべて麻痺していた。

ヒューレン博士の言葉を遠くで聞きながら、なぜか身体が反応し、涙が止めど無く出てきた。けれど、頭では「子どもはもう死んでいて、ここにいない事は私が一番良く知っている。いまさらあなたに言われたくない。ああ、また、お決まりの慰めの言葉だ」と思っていた。

席に戻っても、相変わらずなんの気力も湧かなかった。間近で聞いたヒューレン博士の言葉が身体に残り、逆らうエネルギーも無い状態だったが、身体はヒューレン博士の言葉に反応していた。「魔法のように」としか言えない変化がその時私に生じた。ヒューレン博士の言葉にあらがう事無く、身体のなすがままにさせておいたら、30分もたたないうちに、その場で「悲しみ」が消えてしまった。

これまで私は、どんなことでも絶対に解決出来ると信じて生きてきた。どんなに困難と思われる事でも、一晩眠れば解決出来た。しかし、「死んだ子に会う事」「また、前のように抱きしめて一緒に暮らす事」は、どんなにあがいても叶わなかった。解決法はなかった。どんなことをしても、生き返らない。その子が昨日のように眼前に「いる」ことを願っても、その願いは、「何をしても叶わない」という、自分の力の「無力感」を感じた、初めての経験でもあった。

一番辛いのは、その子を産んだ私。残された母である私。それだけだった。逃げ場がなく八方塞がりだった。

幼い子どもの死は、親にメッセージを届けるためだという話もあり、子どもはその役割を終えたから、天国へ帰ったと聞く事も多い。だから、自分が天国に帰った後でも、親がそのメッセージになかなか気がつかないと、そのことを子どもが知らせに来るという話を聞いたことがある。ヒューレン博士のセミナーに参加した後、老成した子どものイメージが感じられるようになった。

ある日、私はヒューレン博士に教えて頂いた、ウニヒピリへの声がけを就寝前にしてみた。自分の否定的な部分をずっと抱え込んでいたウニヒピリに声をかけ、いろいろなことを話していた。すると、急にウニヒピリは布団の上からはずむように飛び出し寝室の天井近くまでのぼり、赤子を抱いて降りてきた。

息子が、ばたばたさせる手足と暖かい感触のまま私の胸を蹴りながら、「ママ！」と言って、私の胸に飛び込んできた。大きさは変わっていなかったけれど、なんだかちょっと「しっかり」していた。私に向かって、一生懸命に、小さなお口を動かして、声を出し、

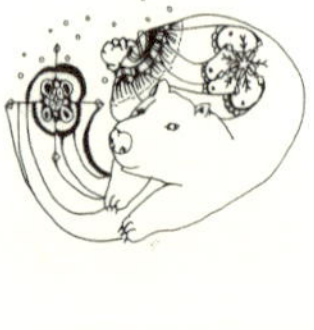

お話をしようとしていた。本当に嬉しかった。私とは別の世界で、ちゃんと元気に生きていた。人間に「死」はないということを、本当に真実だと理解できたのは、私のウニヒピリが、一番わかりやすいそんな方法で教えてくれたお陰だった。

この経験が、「どこまでも死んだ子を追いかけていきたい」と思いながら日々暮らしていた私を、日常の生活に戻してくれた。ウニヒピリに「ありがとう」と、心から感謝した。私は、誰よりも大切な人＝私にようやく出会った。外に向かっていた自分のエネルギーを、ようやく自分に向け、自分自身を愛おしみ満たす事が、どんなに大切な事かをようやく知ったのだった。

ヒューレン博士の言う、絶えず過去を消していく作業というのは、自身が自分のウニピピリに向き合うのに十分な時を作る事だと感じるようになった。この仕組みはコンピュータと同じ。つまり、使いたいプログラムをさくさく立ち上げ、使用するには、他のプログラムを消去する必要がある。膨大なメモリーを使用するために使いたいプログラムが立ち上がりにくくなり、立ち上がるのが遅かったり、果てはフリーズしたりする。だから、使用済みのプログラムは、絶えず消し続けるのが、大切なのだ。私たちはどうだろう？　やはり日々、すべてを「消す」必要があるのだ。

逝ってしまった我が子は死んではいないので、私は彼の今を感じられる。なので、私の中からは我が子の（逃げ場としての）過去の記憶は消えた。それが要らなくなったので、存分に今を楽しめる力を得て、私は私の中のウニヒピリと共に新たに歩みだしたのだと感じられた。

そうなって、ようやく自分の本領が発揮できる。本領発揮とは、自分の中の過去のメモリーを消去する事で、自分の中から光を輝かせる事が出来るという状態。ようやくここまで来る事が出来た。

新たに子を宿す事が出来た母親として、私は今この事を深く強く感じている。これからは「自分」を大切にして生きてゆこう。

私は本当に大切な人が自分であることに気がついた。その大切な人をいたわることは、宇宙全体をいたわること。本当に大切な人は私。情報の集合体ではない静寂の内の私。全てと一つであり、そして今も一つである私。

私たちは忘れてはいけない。誰が一番大切なのかを。

第四章

自分を愛し、ケアするということ

まず自分自身のケア。
次に考えるべき存在は家族です。
その他の人はその後考えてください。

自分を愛せる人がすべての人を愛せる。

記憶を消去するのは自分のため。次に家族のため、ほかの人のことを考えるのは最後です。

こう申し上げると、自分が幸せになることを優先するのは自分勝手なのではないかと思う人がいるかもしれません。

けれども、自分の頭のハエを追えない人に、他者のことを考える余裕などあるでしょうか？　まず自分が自分を愛する。あなたが自分の記憶を消去するためにクリーニングすることが先決です。あなたの中の記憶が消去されると、自然と周りの人の記憶も消去されていきます。

あなたやあなたの周囲で起こることは、すべてあなたの記憶が再生していることによるものなのです。それが家族の病気や夫の仕事のことなど個人的なことであっても、自分には無関係だと考えてはいけません。他者の気持ちを前向きに変えようとする気持ちもあなたの記憶の仕業。人の気持ちを変えることは不可能です。努力でうまくいかないことを好転させようという試みも無意味です。あなたのすべきことは、自分の潜在意識の中の記憶をクリーニングすること。それだけです。

もう一度お伝えします。クリーニングする順番は、まず自分、次に家族、そして他の人たちです。自分を愛することのできる人だけが、他者を愛することができるのです。

一番大切なのは、
あなた自身に慈しみの心で接すること。

あなたの潜在意識を、道具ではなく、人生の最大のパートナーとして考えてください。

あなたはふと、自分の心と体がとても疲れているなと感じることはありませんか？　そうした時には「もう年をとってしまったのだな」とか「私には体力がない」などと悲観してしまうかもしれませんが、諦める前にクリーニングしてください。それは、あなたの潜在意識を問題としてとらえるのではなく、人生の最大のパートナーだと考えてみてほしいということです。

これもホ・オポノポノの教えです。あなたの体に「私と一緒にいてくれて、ありがとう」「呼吸してくれてありがとう」と常に語りかけ、「おなかが空いているの？」「のどが渇いているのかしら？」と問いかけながら、慈しみの心を持って、自分の潜在意識に接していただきたいのです。

自分の心の声や体の声に耳を傾けることが必要です。心と体はつながっています。病気は記憶にすぎないのであり、心が晴れなければ病気となって体に現れてしまうもの。心にも体にも意志があります。ですから、自分の心にも体にも「愛しています」「いつもありがとう」と、慈しむことが大切なのです。

自分の中にある
ウニヒピリ（潜在意識）を愛してあげよう。

あなたの中にいてくれる大切な存在。

子どもを持つ人も持たない人であっても、すべての人は小さな子どもを心の中に住まわせています。それがインナーチャイルド、ハワイ語でウニヒピリという存在です。ウニヒピリは、いつもあなたのことを見つめています。そして、あなたが正しく生きるために必要なメッセージを送ろうとしてくれています。まるで、お手伝いをしてお母さんの役に立ちたいと願う子どものように。

あなたが幸せでいたらウニヒピリも喜びます。逆にあなたが荒《すさ》んだ心でいればウニヒピリは疲弊《ひへい》してしまいます。それどころか、自分は存在を無視されている、愛されていないと考え、神聖なる存在からのインスピレーションを得るための橋渡しなどする必要がないと心を閉ざしてしまうのです。

ウニヒピリはあなたに、早くクリーニングして楽になってほしいので、問題となっている記憶をどんどんあなたに見せてくれています。あなたは、問題やネガティブなことが起きたら、ウニヒピリに向かって、「このような記憶を見せてくれてありがとう」とお礼を言ってクリーニングしてください。

あなたの中のウニヒピリを精いっぱい愛してあげる必要があります。ウニヒピリの存在意義とは愛されること。そのことを忘れず、「あなたを傷つけてごめんなさい。私はあなたを愛しています。一緒にクリーニングしましょう」とクリーニングをすることで、潜在意識の中の記憶を消去しましょう。つまり、ウニヒピリに愛を注げば、神聖なる存在からのインスピレーションというギフトがあなたのもとにやってくるのです。それは常に流れている循環エネルギーのようなもので、あなたがウニヒピリを愛し続ける限り、決して流れが止まることはありません。

私たちは、あらかじめウニヒピリという子どもを抱いて生まれてきました。ですから、私たちは決して一人ぼっちではないのです。心をオープンにして相談すれば、ウニヒピリは正しい方向へといざなうガイドの役割を果たしてくれます。

ウニヒピリの存在を信じ、ウニヒピリを慈しむことは、自分自身を信じ、愛することなのです。

記憶をクリーニングすること＝
自分自身に愛を送ることです。
クリーニングした結果、
あなたの中の愛に気づくでしょう。

クリーニングする時、潜在意識はどう変わっていくか？

あなたの潜在意識の中にいて、見守ってくれているウニヒピリの存在については、すでにお伝えしました。ここではまた違う角度からウニヒピリに愛を注ぐことの大切さを説いていきたいと思います。

記憶をクリーニングし、インスピレーションを得るためのプロセスは「悔悛《かいしゅん》」「許し」「変質」の三つの要素で成り立っています。まず、問題が起きたのは自分の責任であると気づき、同時に神聖なる存在に許しを請う。すると、神聖なる存在は潜在意識を変質させ、インスピレーションをブロックしている記憶を消去します。そうすることでインスピレーションが降りてくるわけですが、ここで大切なのは、私たちはダイレクトに神聖なる存在にアプローチすることはできないのだと認識することです。

P46に登場した人間の存在（セルフアイデンティティ）を表した図に、今度はハワイの言葉で、父、母、子どもを当てはめてみましょう。

最下部にあるのが、潜在意識であるウニヒピリ、この子どもを受け止めるのが、上部にある母であるウハネ、つまり顕在意識です。更にその上部に位置するのが、アウマクアと呼ばれる超意識。これは言ってみればお父さんのような存在で、その上にある神聖なる存在とつながるための、特別な意識のことです。

では、ホ・オポノポノのクリーニングによって記憶が潜在意識から消去され、浄化されます。するとこの図にどんな現象が起こるのでしょうか？　クリーニングを行うとき、この図にどんな現象が起こるのでしょうか？


あなたにとって正しいこと、好ましいことが、潜在意識、顕在意識、それから超意識へと上昇し、神聖なる存在に伝わりやすくなります。ちょうど、詰まったところのないチューブと同じように、物事がスムーズに動きだすようなイメージです。

こうして、超意識まで引き上げられたあなたの陳情《ちんじょう》を神聖なる存在が受け入れてくれると同時に、後で述べるマナと呼ばれる霊的エネルギーが、神聖なる存在からまっすぐに超意識、顕在意識を通って潜在意識へと降りてきて、あなたの記憶を消去してくれます。

これで神聖なる存在からのインスピレーションが降りてくる準備が整いました。あとは、神聖なる存在からのメッセージに耳を傾けるだけで、あなたは自然の流れの中で本来の能力を存分に発揮し、ゼロの状態へと導かれるのです。

1. 潜在意識にある記憶を
クリーニングすることで、
あなたにとって正しいこと、
好ましいことが、
潜在意識から顕在意識、
超意識へと上昇し、
神聖なる存在に届きます。

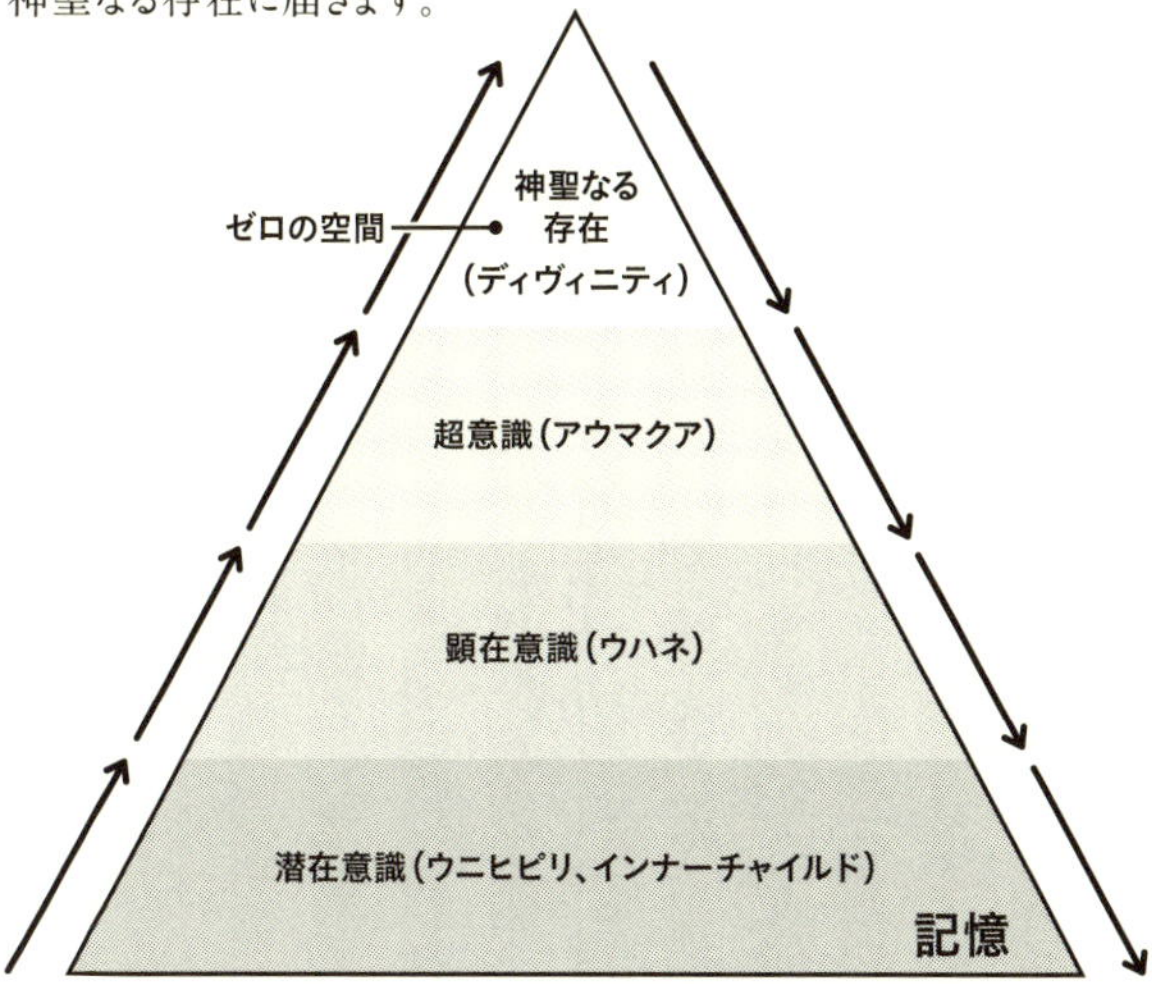

2. その後、マナ(霊的エネルギー)が、
神聖なる存在から超意識、
顕在意識、潜在意識へと降りてきて、
記憶を消去します。

一瞬一瞬、愛（＝ゼロ）に回帰すること。

愛は時空を超えてすべてをつなげる。

愛は生きる上で最も大切なものです。ここでは、愛の尊さについて、母親と子どもを例に考えてみることにしましょう。

母親になろうとしている女性は、生まれてくる命に胸いっぱいの期待を抱くのと同時に、一抹の不安を抱えながらその日を待っているものです。

そして、いざわが子が生まれてくると、今度は、思いどおりだったとか、思ったような子ではなかったなど、いろいろな思いが胸をよぎるのです。それが母親というものです。

受精したその瞬間から、誕生した神秘は、約10カ月の時を母親の胎内で過ごします。その間、外界で待つ母親はまだ見ぬわが子を想像しながら仕事や家事をこなすのです。けれど、その時点ですでに親子のつながりははぐくまれているのです。母親が妊娠中に感じたことのすべてのことは、胎児に伝わり、その記憶を生まれてくる子どもと共有することになるのですから。そのため、妊娠中にイライラしたり、嘆き悲しむことの多かった母親から生まれてくる子どもは、生まれながらにして情緒不安定であるケースが多いのです。すべては記憶の連鎖です。

クリーニングをしましょう。その子のためにというのではなく、まず母親が自分の心を解放するために記憶を消去するのです。そうすることで、自然と子どもの心も安定します。つまり、ひたすら四つの言葉を繰り返し、クリーニングすることこそがわが子への愛。記憶をクリーニングすれば、子どもに対する期待も不安も消え去り、どんな子であっても出会えてうれしいと感謝することができるようになるでしょう。

あなたの存在は愛そのもの。
あなたに起こるすべての出来事は、
あなたの潜在意識にある記憶を
クリーニングするために起こっているのです。

異性を通して自分自身を愛せるようになる方法。

あなたは愛そのものです、とは一体どういう意味でしょうか？　あなたが恋愛や結婚を通じて関係性を深めるパートナーとの接し方を例に考えてみましょう。

あなたが縁あって出会うパートナーは、あなたが、あなた自身を愛することを学ぶために出現してくれたありがたい存在です。あなたに自己責任を持って生きることの大切さを認識させるために、潜在意識が二人を巡り会わせてくれたのです。

パートナーと出会ったことによる喜びは大変に大きなものですが、どんな関係性においても、やがて摩擦が生じます。記憶がもたらす言い争い、なれ合いになることによって陥るマンネリ化した関係……。男性が女性に家事を強制したり、男性に甘えてばかりで自立できていない女性がいたりと依存関係になることでバランスを崩し、破局を迎えるカップルも少なくありません。その場合、甘えるほうはそうしていれば精神的に楽だからそうしているのです。一方、甘えられてばかりのほうも、「頼られている自分」という状況におぼれているのです。

けれども、一番大きな問題は、うまくいかなくなった時に相手のせいばかりにして、自分で責任を取ろうとしないこと。そういう人は、自分はなぜ自立できないのか、なぜ相手は自分に甘えてばかりなのか、などと考えてみようともしないのです。けれども、誰かのせいにしている限り、決して救われることはありません。

本当に愛し合っているカップルであれば、次のように考えることでしょう。「この人がいつも私に甘えてばかりいることの原因を作りだしているのは自分なのだ」と。あるいは、「この人がいつも甘えさせてくれるのは、自分がしっかりしていないから、仕方なくそうしているに違いない」と。その時は、自分の中にあるどの記憶が「相手を失うのではないか?」という不安をもたらしているのだろうかととらえてクリーニングしてください。

たとえばパートナーが浮気をしたとします。自分は正しくて、相手が間違っているなと思う場合でも、自分の中のどの記憶がパートナーに浮気をさせたのだろうか、とクリーニングするのです。

クリーニングの大切さに気づかず、相手のせいにしたまま別れてしまった場合、その人は、その後に違う人とつきあっても、同じことを繰り返すことになってしまいます。問題は相手ではなく、自分自身なのですから当然です。

人生を切り開くための解決法はただ一つ。クリーニングをしてあなた自身の記憶を消去していくこと。あなたが変われば、パートナーの選び方が変わることもあるでしょう。本当に自分にぴったりな相手を見つけるためには、自分自身を愛していなければいけないのです。

キャンセル「×《バツ》」

「X《バツ》」は、中毒、虐待、破滅に関する記憶を消去する力を持っています。その上で、そうした出来事にとらわれている思考を軌道修正し、トラウマとなっている経験を時間軸を遡《さかのぼ》って正しい位置へと戻す働きがあるのです。それはコントロールできない負の感情から解き放たれ、もともとの自由な気持ちへと誘われることを意味しますので、心を冷静に保ち、クリーニングに集中することに役立ちます。

何か問題が起きている時には、心の中で「X《バツ》」をイメージします。自分の潜在意識の中にある記憶に対して「X《バツ》」と口にするのもよいでしょう。

仕事などで関わる人たちの名刺や、友人から届いたクリスマスカード、年賀状などに指で「X《バツ》」となぞり、関係がうまくいかないかもしれない、相手の健康が心配だといった不安を呼び起こしている記憶をクリーニングすることも可能です。

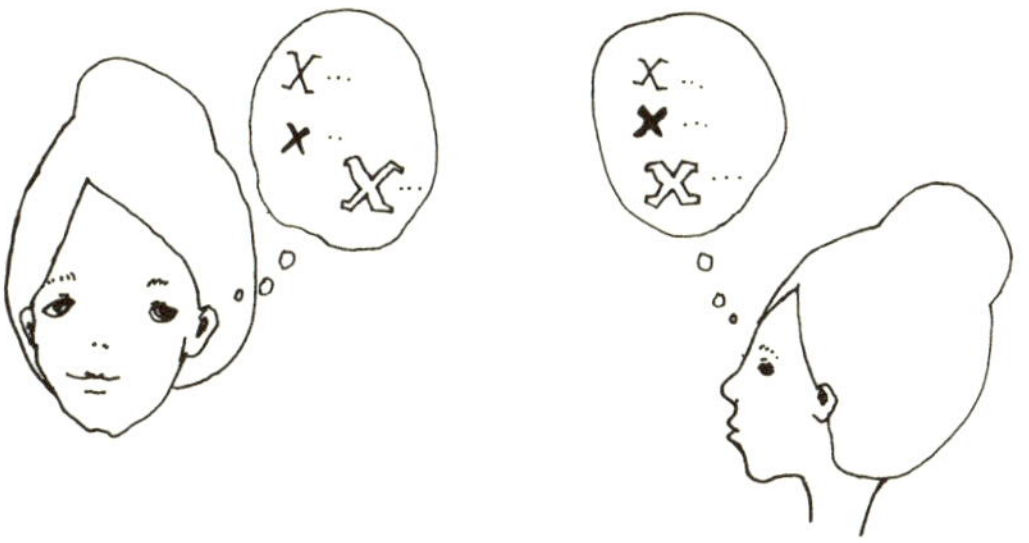

家に帰るイメージをする

旅先や、学校、職場などでネガティブな気持ちになった時には自宅に帰るイメージをすることで、ネガティブな記憶をクリーニングすることができます。

どこにいても、心の中で自分の家にたどり着いてホッとしているところをイメージする。玄関先に咲いている花、ガレージにとまっている車、家の窓から見えるスタンドの光、ドアをあけた途端に包まれる匂い、足元にじゃれてくるペットの様子などを思い浮かべましょう。

また、相手に対して期待をしてしまっている時、その期待が裏切られてイライラしている時などは、モヤモヤした気持ちの原因となっている記憶をトイレに流すイメージをするとよいのです。手でハンドルを下げて水を流すタイプのトイレではなく、ペダルを踏んで水を流すトイレで、余計な感情はすべて手放すのだと意識しながら、何度もペダルを踏み込み、嫌な記憶が渦を巻きながら水と共にガンガン流れていく様子を思い浮かべます。

自分の中で記憶が再生されているなと察知したら、迷わず家に帰るイメージやトイレで邪心を流すイメージを抱くことを習慣づける。そうすることで、記憶に翻弄されてブルーな気持ちになる前にクリーニングすることができるようになるのです。

母の危篤、精神病の父、両親の借金問題を解決してくれたホ・オポノポノ

日野智子さん（仮名）

２００８年４月に母が危篤という知らせを受けました。

母は膠原《こうげん》病とリュウマチを患っていましたが、脳溢血の後遺症で前頭葉の右脳が機能しなくなっていました。母は感情のコントロールが出来ない父と二人で生活をしていました。

私は東京で仕事をしていたので、北海道で生活している両親のことはいつも気にかけていましたが、実際は何年も実家に帰っておらず、電話で両親の近況を確認するのが日課となっていました。

その後、母は一命は取り留めたものの、昏睡状態が続きました。

その間、クレジット会社からは、父親と母親宛に多額の請求書が届き始めていました。

※ヒューレン博士、ご本人の希望により、体験談はご本人の原文をそのまま載せています。

そのうち何社かは、姉、弟と相談し、立て替えることができましたが、請求書は日々増えて行きました。

私たち兄弟は、大きな問題があるということを薄々感じていました。

父は、母が倒れてから更に、後遺症が悪化し始めていました。自分の感情をコントロールできなくなり、深い悲しみと狂気の中をさまよっていました。

大好きな自分の父親なのに、一緒にいると怖くて全身鳥肌が立つ日々が続きました。父は、言葉の暴力で私を傷つける日々が続きました。私は、父からいつ殴られるのだろうか？ もしかしたら父に殺されるのではないか？ と不安に思う毎日でした。結局、父は精神科に入院が決まりました。

私は両親の郵便物を東京の自宅に転送し、請求書の金額を日々まとめました。負債が1000万円になった頃、弟夫妻が地元で話のわかる感じの良い弁護士を見つけてきました。兄弟皆で両親を説得し、両親が同意し、弁護士に債務整理の依頼をしました。

そのような中、私の信頼している先生方が、ヒューレン博士のハワイでの精神病院での奇跡についての話と、7月にあるクラスのことを教えてくださいました。

私は最初、ピンときませんでした。すると、別の友人がまた私にホ・オポノポノを勧め

てきました。私はそのとき何かに気がつきました。そして、私は7月のクラスに参加しました。その頃父は、精神病院内でガラスを割ったり、医療士や他の入院患者に嫌がらせをして暴れ、吐血し、拒食になるなどの状態が続いていました。

8月になり、母は最初の入院から3カ月が過ぎたこともあって、転院しました。弟夫妻は母の病院と同じ北海道にあるとはいえ、両親が入院している病院からはかなり離れていたこともあり、弟夫婦の疲労、ストレスはピークに達していました。家族がばらばらになりかけていました。

私にできることはクリーニングだけでした。ひたすらクリーニングの日々が続きました。

9月になって、両親の弁護士から連絡が入りました。

「借受金額の過払いが明確になりました。訴訟をした場合、マイナスではなくプラスになりますが、訴訟しますか?」ということでした。母が弁護士と話した上、訴訟することになりました。

11月、私は母の危篤から6カ月ぶりに、1週間の休みを取って北海道に向かいました。弟夫婦から両親の現状をメールや電話で聞いていたものの、現実を実際見ることが怖くてたまりませんでした。

危篤だった母は自分の足で立って歩き、私が来たことを喜んでくれました。

母の住居として、次に移りたい場所は病院隣接のケアハウスでした。普通ならば入居審査は大変難しいところなのですが、実際は面接もスムーズに進み、「まずは入院をして病状を確認しましょう」と院長先生がおっしゃって、あっさり転院が決まりました。

その後弁護士に会いに行きました。

「過払いの300万円は2009年の3月までに結果を出し、ご両親にはプラスの金額でお返しできるようにします」と約束してくれました。

その後、父とも面会できました。父は抑制時期が長かったので、歩けなくなり車椅子の生活でしたが、家族が皆でそろったことがとても嬉しそうでした。

私は、以前父から受けた恐怖が消えていくのがわかりました。

現在、父は個室から4人部屋に移り、車椅子でなく自分の足で歩いているそうです。

母は、転院先の病院から10日間で退院し、隣接のケアハウスで、病室ではない空間での生活が始まり、習字や合唱を習い始めようかと検討しています。

私は、ヒューレン博士が言い続けている、「悩みを抱え、悲観的になっていても、何の解決にはならない。解決策はクリーニングすることです」という言葉に共感していました。

その言葉を聞いた私は、クリーニングをすることを選びました。
もし、ホ・オポノポノに出会わなければ、私は悲劇のヒロインとなり、現状を嘆きつづけていたかもしれません。
私を支えてくれた友人、好きなようにさせてくれた彼、私にホ・オポノポノの存在を教えてくれた先生、日本でのクラスを開催しつづけている平良ベティーさん、ホ・オポノポノを伝え続けているヒューレン博士に本当に感謝しています。
心から、ごめんなさい。許してください。ありがとうございます。そして、愛しています。

第五章

答えはすべて自分の中に

あなたはいつだって完全な存在です。

存在していることの素晴らしさ。

イメージしてみてください。あなたはいつでも大きな力とつながっています。それゆえに完全な存在なのです。神聖なる存在があなたに限りない愛を送ってくれているからです。

生きていても意味がないという人は、生きていても意味がないという記憶を演じているのです。生きることが苦しいという人は、生きることが苦しいという記憶を演じているのです。中には命を全うしないという記憶を演じている人もいます。けれども、そうした人も愛と一体の存在です。ただ、記憶が邪魔をして、神聖なる存在からの愛の光が差すのを妨げているだけなのです。どんな時も私たちは生きている限り神聖なる存在の愛を感じているのです。そのことを忘れてはいけません。

悲しい結末を迎えてしまう人は、悲しい結末を迎えるという記憶を持っています。愛が見えなくなっている人がいたら、それは、その人自身の記憶が原因なのですから、記憶をクリーニングすればよいのです。

自分自身の心が記憶によって曇っていると、誰の言葉にも耳を貸せなくなってしまいます。そういう人が家族や友だちの中にいたら、どうせ自分には何もできないなどと考えず、自分の記憶の影響であると受け止めること。大切なのは傍らに寄り添っていることでも、元気を出しなさいと強制することでもなく、自分の記憶をクリーニングすることなのです。

クリーニングを続けていれば、不幸な気分でいる家族や友だちの意識が次第に晴れ渡ってくるのを感じるでしょう。その人が努力して明るさを取り戻すのではなく、その人の心にかかっていたネガティブな思いが、霧が晴れるように自然に消えてなくなるのです。

すべての人が神聖なる存在とつながっています。記憶のクリーニングを通してそのことに気づけば、心は瞬時に穏やかになり、自分は完全だ、という実感が伴うはずです。

忘れないでください。あなたは一人で生まれてきたのではなく、目に見えないけれど大きな愛の力に包まれて生まれてきたのだということを。そして常に、自分は完全なる存在などではないと言いきる記憶の消去に努めましょう。

あなたが自分の完全さを理解できたら、生きることの喜びを今よりももっと味わうことができるのです。

すべての人、もの、出来事は
自分自身の内面の表れです。

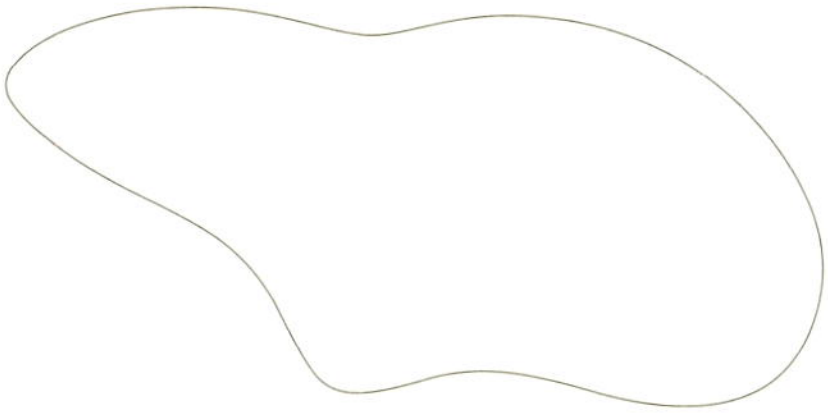

心穏やかな日々が始まる。

いつも穏やかな海のような気持ちでいられたらどんなに幸せでしょう。悲しくて辛い出来事があっても、動じず、悠々としていられたら……。けれど人は弱く、すぐに記憶に翻弄され、平常心でいることを妨げられてしまいます。

苦しいことがあった時に、誰かに助けてもらいたい、この苦しみを取り除いてもらいたいと思っても、誰も助けてはくれません。助けることができないのです。本質的な問題というのは、あなたが自分で取り除かなくては決して解決しないからです。

同様に、誰かの悩みをなんとかしてあげたい、よい方向に仕向けてあげたいといくら躍起になっても、自然の法則はそれをさせてはくれません。

この本をここまで読んだ人の中には、ホ・オポノポノの教えを知り、「すべてを自分でしょい込むことになるなんてまっぴらだ」とか、「どうして他人の不幸の原因までが自分の中にあると考えなくてはいけないの？」と不審に思う人もいることでしょう。けれど、あなたの周囲で起こることは、すべてあなたが関わらなければ起こらなかったことなのです。あなたの記憶、あるいは、あなたと誰かの記憶が微妙に絡まりあって、さまざまな事象が起こります。

この世界に起こることは、すべてつながっています。あなたが記憶の中で悪い印象を持っていることがあると、その記憶がネガティブな思いとなってよくない方向に作用し、結果として他人に対しての言動も攻撃的になってしまう。逆に、あなたの心が穏やかな波、澄み渡った空のような状態であれば、あなたが発信する思いもポジティブなものとなり、その思いを受け取る相手もポジティブな気持ちになる。そうした思いが巡りめぐって再びあなたのところにもたらされ、あなたが、そして世界中の人が、穏やかな心を取り戻すことができるのです。

朝起きて、庭の小枝にやってきた小鳥や、散歩の途中で見つけた季節の到来を告げる可憐な草花……。人間以外にも、あなたが愛を伝えられる対象は数えきれないほどあるはず。「ありがとう」「愛しています」と声をかけてください。その瞬間から、あなたの人生はあなたにとって、最も正しい方向へと流れ始めるでしょう。

「記憶の再生」、「インスピレーション」——
この二つによってのみ、
日々私たちは動かされているのです。

心を動かしている見えない二つの力。

宇宙に存在するエネルギーは二つ。それは「記憶」と「インスピレーション」です。

さて、あなたは二つのうち、どちらのエネルギーと共に人生を送りたいですか？　答えはもちろん「インスピレーション」でしょう。インスピレーションは、私たちが正しく生きていくためには、どうするべきかを示し、ありのままの存在としての自分に気づかせてくれます。記憶によって曇ったメガネのようになってしまっているあなたの視界にとって、インスピレーションはまさに劇的なクリーナーのようなものなのです。

ところが、インスピレーションは、いつ、どこからやってくるのかわからない、あまりにもとらえどころがないものであるため、インスピレーションの存在に気づかずにいる人が大勢います。

けれども、インスピレーションを感じるかどうかは、あなた次第。インスピレーションは誰もに平等に分け与えられています。インスピレーションは神聖なる存在からもたらされるものであり、私たちは皆、神聖なる存在が作った神の子なのですから。

あなたには叶えたい夢があるはず。あるいは苦しみから抜け出したいと懇願しているはず。インスピレーションによって、どうすればよいのかという導きを得たいと思うのなら、その準備を始めましょう。それがクリーニングなのです。

苦しんでいる人をよくしたいと思ったら、
まずは、そう思ってしまう自分自身の
記憶をクリーニングしよう。

あなた以外の人を変えようと思わないこと。

長年、ご主人の経営する会社がうまく起動しなくなってしまったという問題を抱えていた女性がいます。

その女性は専業主婦で会社の経営には関わっていませんでしたが、ご主人がため息ばかりついて落ち込んでいたため、どうしたものかと心を痛めていたのです。会社のスタッフの入れ替わりが激しいことから、最初の頃、彼女はご主人のワンマンな経営ぶりや福利厚生などの条件が悪いからなのではないか、と考えていました。

当時の彼女は、ご主人を変えなくてはいけない。それができるのは自分だけだと信じていたのです。けれども、その熱意が通じることはなく、ご主人はイライラするばかりで状況は悪化する一方。時には激しい口論になることもあったといいます。

そんなある日、ホ・オポノポノに出会った彼女は、もうご主人を変えようとすることをやめ、ひたすら自分のために記憶をクリーニングすることにしました。最初は半信半疑でしたが、「ありがとう。ごめんなさい。許してください。愛しています」という四つの言葉を何度も繰り返すうち、不思議なほどの心の安定を取り戻し、これまでは親身になって夫の相談に乗ってあげているのにという怒りを抱えていましたが、会社のことを夫だけの問題ととらえるのは間違いなのではないか?と考えるようになったのです。

さらにクリーニングを続ける中で、夫の会社がトラブルを抱えるのは自分の責任だという思いは確信となり、夫の会社のスタッフがまた辞めてしまうのではないかという不安や、それは、ワンマンな夫の性格だという思い込みを再生している自分の記憶のせいで、物事がうまくいかないのではないか?、夫の会社が潰れてしまうと自分が困るという思いがあったのではないか?、自分は自分自身の歪んだ記憶によって、夫をありのままの姿で見ることができなくなっていたのではないか?、といったことに気づいて、ゼロの状態になることを目指し、悩んだり、迷ったりするのをやめて、神聖なる存在からのインスピレーションを待つことしたのです。

その後もさまざまなことが起こりましたが、夫に助言はせずに、「自分のどんな記憶がいけないのだろう?」と考え、夫の横柄な態度に腹が立つ場面でも、「とにかくこの思いは手放しましょう。愛しています」とウニヒピリに話しかけながら、記憶のクリーニングを繰り返していたところ、1年ほどで会社は順調に動き始め、それから5年経過した今では、ご主人の会社は、彼女が悩んでいた当時の何倍もの規模へと成長しました。

他者のことを愛しながら自分のために生きることは、矛盾した行為などではありません。自分の記憶が他者に反映しているのですから、自分のことを考えてクリーニングに徹し、記憶を消去することが先決なのです。

罪悪感を抱くことなく、まずは自分自身を愛しましょう。

どちらを選ぶ？
愛か恨みか、平和か怒りか、
豊かさか貧しさか、家族か孤独か？

記憶のない状態を、心ではすでに望んでいる。

これまでに、さまざまな事象はすべて人の潜在意識の中にある記憶が原因だという話をしてきました。

改めてここに挙げれば、世界不況を引き起こす経済問題、地球上の生命体系を壊している環境問題といった大きな話題から、職場の人間関係によるトラブル、夫婦間のコミュニケーション不全、子どもの非行や引きこもり、学校でのいじめなどの教育問題、原因不明のアレルギー、生命をおびやかすガンなどの疾患、性的なことを罪深く感じてしまったり、仕事の失敗からなかなか抜け出せないといった原体験に基づくトラウマ、知らずしらずのうちに他人に対し持ってしまう差別や偏見などの先入観、女性が男性に対して長年持ち続けている怒り、凶暴なふるまい、数々の犯罪など、数え上げればきりのないほど、私たちの潜在意識の中にある記憶は、地球上の至るところに影響しています。

記憶には個人が生きているあいだに経験したもののみならず、最古の昔から脈々と受け継いできた人類共通の記憶も含まれているために、ほとんど無意識のうちに再生され、私たちに間違った認識をするよう仕向けます。

けれども、私たち一人ひとりが記憶を消去することの大切さに気づけば、現実は必ず変化し始めます。たとえば、前ページで挙げた記憶の例でいえば、夫に対する怒りに妻が気づき、その怒りの矛先を夫に向けるのではなく、自分の問題として捉える。その上で、クリーニングをすれば、夫の行いは自動的に変わっていきます。

私たちは、記憶の存在に気づくだけで、クリーニングというアクションを起こすことができます。しかも心の奥底では、無意識のうちに記憶のないゼロの状態を望んでいるのです。大変そうに感じても、クリーニングを続けることは、それほど難しいことではありません。驚くほど早く、現状が改善の兆しを見せることもありますので、そうなればクリーニングは必然的に日課となります。

私たち一人ひとりがクリーニングをすること。それがホ・オポノポノです。ホ・オポノポノを通して本当の自分自身に気づいてください。

自分自身のウニヒピリと
つながった時に、
自分自身とつながります。

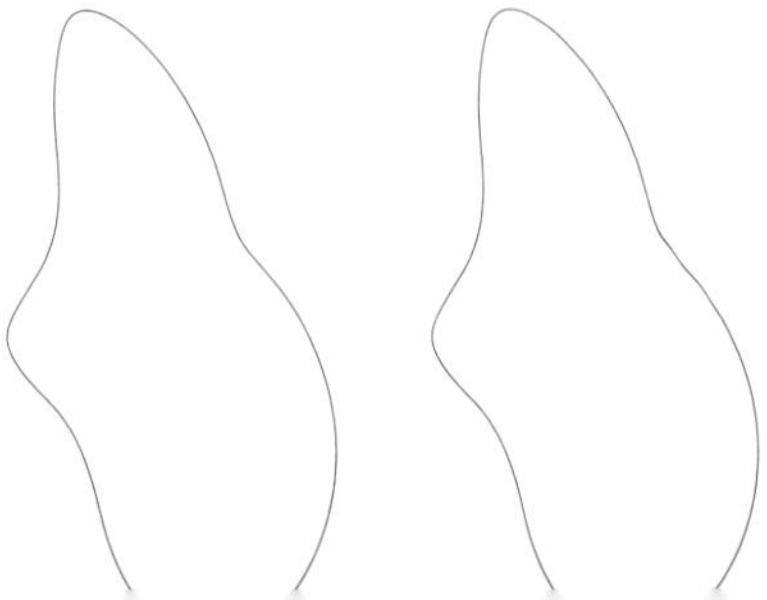

インスピレーションを研ぎ澄ませるために。

私たちは日々の生活の中で時間に追われてしまいがちです。「忘我《ぼうが》」という言葉がありますが、これはまさに、時間に魂を奪われている状態を表しています。こうなると、記憶が再生されていることにも気がつかないくらい心が疲れている状態ですので、意識が神聖なる存在とつながることができず、従ってインスピレーションにも気づくことができません。

その記憶を消去するためには、自分自身の中にいるウニヒピリに語りかける時間を設けることが何よりも大切です。ウニヒピリは、あなたが愛を持って接してくれるのを心待ちにしています。けれど、あなたは忙しさのあまり、ウニヒピリをほったらかしにしてしまうことがあるかもしれません。ウニヒピリは元気をなくし、もう自分は愛されていないとひがんで姿を消してしまうこともあります。

再びウニヒピリに接するため、私たちが起こすべきアクションとは、まずウニピヒリに話しかけるための時間を作ること。次に心が安らぎを取り戻すことのできる場所へ足を運ぶことです。

目を閉じて、大きく深呼吸をしてみてください。ウニヒピリはあなたの中にいて、あなたからのケアを待っています。

ホ・オポノポノ体験談⑤

絶体絶命のピンチこそクリーニングをするチャンスだった

自営業　安部知子さん

私に起こった奇跡のような出来事を記す機会を与えてくださり、ありがとうございます。ベーシックセミナーを受けてから、私の人生の流れが大きく変わりました。ジャスト・タイミングでやってくる奇跡のような出来事に、今はワクワクしています。

私は12年前から、ビジネスセミナーや精神世界のセミナーに行き、日本だけでなく、海外にまでも、何かを求めてセミナー・ジプシーをしていました。言葉や行動が、なぜか本来の自分でないような気がしていたのです。

そして、12年前にジョー・ヴィターリさんの本を読んで、私はスピリチュアルな方法で、ビジネスを成功しようと決めていました。でも、なぜかうまくいかず、きっと他に何かい

※ヒューレン博士、ご本人の希望により、体験談はご本人の原文をそのまま載せています。

い方法があるに違いないと思い、その方法を外に外に求めていました。

ところが、ある日突然体調がおかしくなり、昨日まで海外に仕入れに行ったりしていたのが、めまいがひどく足がフラフラし、外にも1人で出ることが出来なくなりました。今までとは違う自分に、何か悪い病気ではないか……と考えるたび、どんどんネガティブになっていきました。しかし、検査をしても、素晴らしく健康ですと言われていました。

ある日、雑誌の記事でホ・オポノポノのことを知りました。その後『ハワイの秘法』に出会い、すぐセミナーを申し込んだのです。その時は体調が悪かったので、何も考えず、疑わずに、「愛しています。ごめんなさい。許してください。ありがとう」とただひたすら言い続けました。

すると、今でもはっきり覚えていますが、突然元気になったのです。家族がビックリするくらいでした。私はそのときピンときました。セミナーに申し込むことで情報がハワイに送られ、クリーニングが始まっているとホームページに書いてあるのを思い出しました。ちょうどセミナーの1週間前だったのです。

8カ月にもおよぶ原因不明の不調から解放されました。これだけでもすごい効果だというのに、私のやるべきことが、どんどんやってくるようになりました。

そしてその後、ホ・ポノポノのビジネスクラスを受け、病気はよくなりましたが、体調不調のため仕事を余儀なく変更せざるえなくなり、資金繰りが悪化したのです。ギリギリに追い詰められていましたが、急にヒラメキがきて、そうだ。銀行に借り入れを申し込みにいってみよう。いままでの無駄を省こうと思い立ちました。

家賃の安いマンションに引っ越そうと思い、荷物を叔父の家に置いてもらおうと相談にいったところ、叔父が「住んでいいよ」と現在住んでいるマンションを貸してくれました。叔父のマンションは、私が今住んでいるマンションよりもはるかに広くてキレイです。叔父は違う所に引っ越し、駐車場まで無料で貸してくれました。切羽詰まった状況だったことを考えると、本当に奇跡のような出来事です。

きっと、クリーニングし続けてディヴィニティーにゆだねれば、すべてが正しい方向に行くのですね。まさに、この現象を作っているのは自分のメモリーだということがよくわかりました。

その後は、ファッション・コンサルタントのビジネス・アイデアが浮かび、どのようにして展開をしていけばいいかわからなかったのですが　知り合いが来て、その話をしたところ、うまくまとめてくれてパンフレットを作ってくれたのです。

それから、ホ・オポノポノのビジネスセミナーで、まさに私がこれからやっていきたいという仕事をなさっている素敵な女性と縁があり、ビジネスのヒントも頂きました。ヒューレン博士が言うように、事業計画書も頭を使って考えることもなく、クリーニングをすれば正しいビジネスに導かれるのです。

私は今、女性の内面と外見から考えた、ファッションビジネスコンサルタント&幸せを呼ぶコミュニケーション術のセミナーをしています。この2週間の間に展開したビジネスです。これから何が起こるかワクワクしています。

私はホ・オポノポノがあればもう何もいりません。あれだけ読んでいた本もセミナーも、すべて手放しました。もうホ・オポノポノだけで十分です。

ホ・オポノポノに出会って本当に良かった。とてもシンプルで、誰にお願いするわけでもなく、自分ひとりでできる。こんな素晴らしいメソッドは他にありません。

心から感謝をこめて。

第六章

神聖なる存在が教えてくれること

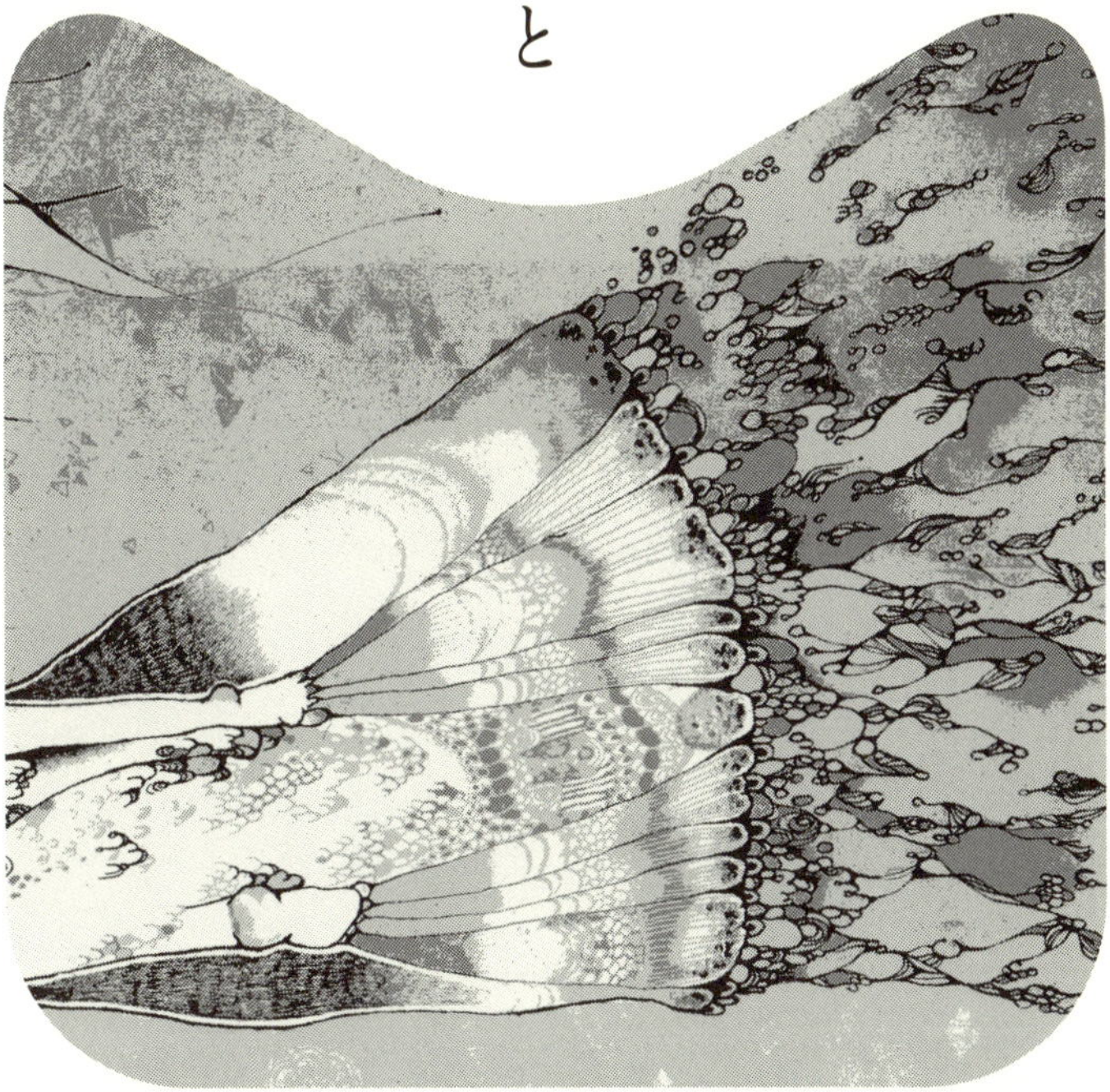

クリーニングすることで、
神聖なる存在が導いてくれます。

霊感(インスピレーション)のみに従い自分の意志は忘れよう。

この世には、目には見えない大きな力が存在します。それは私たちに温かい愛を注いでくれる神聖なる存在です。私たちが日常生活の中でふと感じるインスピレーションも、神聖なる存在からの導きなのです。

世の中には「私には霊感なんてない」と決めつけている人が多いように思います。そんな目に見えないものに頼るよりも、自分の意志を持って行動することが美徳なのだという人もいます。霊感は見えない力であるがゆえに誤解されることが多いのでしょう。幽霊を見たり、透視ができたりするなど、霊能力は一部の特殊な人だけに備わった能力のようにも考えられがちです。

私たちは誰もがインスピレーションを感じることができます。あなたがこの本を読んでいるのもインスピレーションによるもの。あなたは本屋さんでこの本を見かけて読んでみようと思ったのかもしれません。あるいは知人に勧められたからでしょうか？　いずれにしても、この本に出会い、ピンときたから読んでいるのですよね？　そのピンとくるということこそがインスピレーションなのです。本を読んで、記憶のクリーニングについて知り、実行することで苦しみから解放されたら、それは神聖なる存在からの大きなギフトだと思いませんか？

インスピレーションは、あなたが無意識レベルで望んでいることを叶えるパワーとなって機能します。奇跡など信じないという人にも、奇跡は起きているのです。ただし、インスピレーションは、あなたが奇跡が起こりますようにと待ち焦がれてしまうと降りてきません。顕在意識の中で希望を叶えたいとはっきりと意識してしまうと、それがまた新たな記憶の再生へとつながってしまうので、かえって逆効果となってしまうのです。

インスピレーションが降りてくるメカニズムはこうです。ある人が自分の中の記憶に対して「ありがとう。ごめんなさい。許してください。愛しています」とクリーニングを行うと、あなたの潜在意識の中に存在しているウニヒピリが、自分が愛されていることを理解し始めます。基本的にウニヒピリは、記憶を再生させてしまう存在です。ですから、あなたは絶え間なく、記憶のクリーニングをするのと同時に、ウニヒピリに「記憶に気づかせてくれてありがとう」と感謝をし続けることが大切なのです。

あなたがすべきことは、ただそれだけ。他のことは考えず、ひたすらシンプルにクリーニングを続けていればよいのです。「こうなりたい！」「あれが欲しい！」などという欲望をクリーニングしてください。あなたの心が無欲でゼロの状態になれば、インスピレーションはギフトとなって、あなたの元へ必ず降りてきます。

日々のクリーニングが毎日のリズムの中に組み込まれるようになれば、あなたは考えすぎたり、問題解決に躍起になったりすることはなくなるでしょう。自然の流れの中で、それぞれの問題が何の努力もしていないのに、あるべき場所におさまるのを感じ、神聖なる存在の偉大さを感じるようになるでしょう。私たちは何事に対してもコントロールすることはできないけれど、潜在意識の記憶をクリーニングすることならできるのです。

インスピレーションなんて存在しないと思うなどとかたくなになっていないで、とにかくクリーニングを始めましょう。ただクリーニングするのみです。

結果を出そうとしたり、
成果を求めようとしなくても大丈夫です。
神聖なる存在が記憶を消去してくれます。

クリーニングを行うのは果てしない作業？

何かトラブルを抱えている場合、一刻も早く物事がよい方向へ好転してくれないかと願うのは当然です。ところが結果や成果を急いで求めてしまうと、せっかくクリーニングをしていたとしても、その焦る思いが新たな記憶を生み出すことにつながってしまいます。

だったら、いつまでクリーニングを続ければいいの？という質問が聞こえてきそうですね。中には「面倒くさい」と考える人もいますが、クリーニングをネガティブにとらえてしまうのはとてももったいないことだと思います。

人間の無意識領域の広大さを示す驚くべきデータがあります。私たちが顕在意識で考えていることを1とすると、その時、私たちを動かしている潜在意識の記憶は1100万。私たちをコントロールしているのは1100万の記憶なのに、私たちはその中の1の記憶しか認識していないということから、人間がどれほど自分で認識していない記憶に翻弄されて生きているかがわかります。何しろ、私たちの潜在意識は、私たちが生まれるはるかに前、この世が誕生した時からの膨大な記憶にアクセスしているのですから。

そこで、果てしなくクリーニングを行う必要があるのです。大切なのはクリーニングの結果だけではありません。クリーニングを続ける中で、あなたの心が少しずつ変化を遂げていくプロセスこそが尊いのです。

ゼロの状態となり、インスピレーションが降りてくるまでには時間がかかることもありますが、クリーニングをすることで、記憶が積もり放題なライフスタイルは、すぐに変えることができるようになります。これは、とても意味のあること。ですから、達成感がない、面倒くさいなどと考えるのはナンセンスなのです。クリーニングは本来、食べること、歩くこと、眠ること、もっといえば呼吸をすることと同じくらい、あなたの人生にとってなくてはならないものなのです。

神聖なる存在にすべてを委ねて、前向きな気持ちでクリーニングすることを習慣にしてください。そうすることで、あなたは確実に変化します。驚くほどに心穏やかな日々がもたらされることでしょう。

潜在意識にある記憶のうち、
どの記憶が原因になっていて、
どの記憶を消去するべきか、
ウニヒピリはわかっています。

誰もがそれぞれの役割を持って生まれてきた。

誰一人として同じ人生を送る人はいません。人はみな、その人生の中で、さまざまな体験を通して、それぞれの役割を担っているのです。私たちが生きるこの世界を、神聖なる存在が作った劇場にたとえてみましょう。すると、私たち一人ひとりは、それぞれの役を与えられた役者だということになります。代役を立てることはできませんし、与えられた役割に抗《あらが》って生きることもできないのです。

たとえば、人生のテーマがピアノだという場合でも、ピアニストになる人もいれば、ピアノ教師になる人もいます。ピアニストとして大成した人が、優秀なピアニストを育てるピアノ教師になれるとは限りません。逆に、優れたピアノ教師がリサイタルで観客の大喝采を浴びるような名ピアニストになれるわけではありません。けれど、どちらのほうが地位が上だなどと考えるのは間違っています。

もしかしたら、あなたも誰かがしている仕事を見下しているかもしれませんね。自分はあんな仕事はしたくない。それに比べれば自分の仕事はまだマシだなどと考えるケースもあるでしょう。けれど、それは余計なお世話というもの。当人にとっては、かけがえのない仕事であるかもしれませんし、そもそも一生懸命に打ち込んでいるのであれば、どんな仕事であろうと聖職なのです。そう考えることができないのは記憶のせいです。

それにしても、なぜ、人によって仕事に対する感覚の違いが生まれるのかといえば、それこそが、人にはそれぞれに与えられた役割があるという証拠。人はそれぞれの記憶を演じているため、その記憶によって価値観が違ってくるのです。

時々、終わりのない自分探しの旅を続けている人がいます。今の自分ではない本当の自分を追い求めるあまり、目の前にある幸せに感謝することができずに不満を募らせているのです。人からどう見えるか、といったことばかりが気になって仕事自体に情熱を持つことができずにいる人、給料につられて入社したものの仕事に対してやりがいを感じることができずにいる人などは、見栄や欲で心が曇って、インスピレーションが降りてくる妨げとなっていることが考えられます。与えられた仕事に感謝の気持ちを持つことができないのは仕事のせいではなく、仕事を愛していないことが原因なのです。

そういう人は、自分の中の記憶が生み出している理想の仕事を追い求めるあまり、自分の間違いに気づくことができずにいます。人生がうまく運ばないのは、役割に反した生き方をしようと考えているからなのに、現実には存在しない青い鳥を追いかけ続けてしまうのです。

心あたりのある人は、さっそく今の仕事に対し「ありがとう。愛しています」とクリーニングをしてください。クリーニングを続けていれば、おのずと自分の役割を理解できるようになります。他人の人生をうらやんで見当はずれな生き方を望んだり、他人と自分を比較してナーバスになったりするのではなく、自分なりの生き方をしようと心を決め、雑念をクリーニングしましょう。そうすれば、その仕事があなたにふさわしいかどうかが見えてくるのです。今の仕事があなたにふさわしいのであれば、よい転機につながるような展開が用意されます。ふさわしくないのであればやめる流れができるでしょう。たとえやめる場合でも、神聖なる存在からのインスピレーションをキャッチした結果であるなら、傷つくことはなく、すがすがしい気持ちで新しい仕事に移ることができるのです。

「許してください」と
語りかけることは必要です。
許されることによって
自分を取り戻すことができます。

何も考えず心の中で「許してください」とつぶやくこと。

間違った記憶を、瞬間的にＬＯＶＥ、すなわち愛に変身させてしまうのがホ・オポノポノの奇跡です。

「ありがとう。ごめんなさい。許してください。愛しています」とクリーニングするだけで、あなたの潜在意識の中にある記憶が消去され、神聖なる存在からのインスピレーションが降りてくるのですと、何度もお伝えしてきました。

でも、どうして「許してください」なのか?と、四つの言葉の中の「許してください」が気になってしまうという人がいます。自分は過去に何か悪いことをしたから許しを請わなくてはいけないのかと不安になるというのです。

もちろん、あなたが悪いことをしたからなどではありません。けれども、私たちの中で再生される記憶には、宇宙の創世から幾度も生まれ変わるうちに刻まれた記憶も含むため、どんな記憶が原因となり、物事がうまく運ばずにいるのかわかりません。私が相談やセラピーを受けに来る人たちに対してカウンセリングを行わないのもそのためです。顕在意識の記憶の１１００万倍もある潜在意識の記憶の中のどれが、その人に苦悩を及ぼしているのかなど、把握するのは不可能なのです。そこで「許してください」と言うことによって、潜在意識の中で無意識のうちに再現している許しを請わなくてはいけない記憶をもカバーしておくのです。

また、対人関係のトラブルで苦悩している場合などは、相手に感じる嫌な部分は、自分の中にもあると考え、「許してください」と自分の中の嫌な部分を先にクリーニングします。そうすることによって、相手の嫌な部分も消えてしまうのです。嫌な相手に「許してください」というのではなく、自分の魂の成長のために、自分の中のウニヒピリに語りかけるのです。

嫉妬や独占欲などの感情を抱いた場合には、その感情に対してクリーニングすることをお勧めしていますが、「嫉妬よ、独占欲よ、許してください。愛しています」などと言う気になれないという人もいます。そういう人は「汝の敵を愛しなさい」というイエス・キリストの言葉を思い出していただきたいと思います。その敵とは記憶のことです。それでも抵抗があるという場合には、ウニヒピリに向かって「私たちがなぜ、嫉妬や独占欲に苦しめられているのかはわからないけれど、一緒に乗り越えていこう」と、とにかく、四つの言葉を言い続けてください。

いずれにしても、私たちは神聖なる存在に許されることによって、記憶に支配されることのないゼロの状態を迎えることができ、その時初めて、問題の原因が自分の中にあったことを知る。つまり純粋な本来の自分自身を取り戻すことができるのです。

第七章
ゼロになるということ

本当の自分になれる瞬間というのは、
いい意味で空っぽになる時です。
あなたがゼロである時、
初めてあなたの純粋性を取り戻せ、
本来の姿に立ち返れるのです。

愛はいつもあなたのもとに降り注ぐ。

ホ・オポノポノでは、あなたが自らを清めることで記憶から自由になり、愛のある存在になることを目指しています。そのために、こうしている今も神聖なる存在からあふれんばかりの愛がすべての人に注がれているのです。お金持ちや仕事での成功者を見て、神様は不平等だと感じることもあるかもしれませんが、人はみな平等。お金がなくても心が豊かな人もいれば、仕事で成功を収めなくても、家族が円満であるなど、充実した人生を送る人もいます。

けれども、私たちの多くは、その聖なる恩恵に気づいていないのではないでしょうか？　だからこそクリーニングが必要なのです。クリーニングをすることで、神聖なる存在から降りてくるインスピレーションを感じることができるのですから。それは、自分に愛が注がれていることを確信する瞬間でもあるのです。

記憶の影響で心が曇っているのは本来の自分ではありません。こんなことが起こったらどうしようという不安、自分にできるはずがないという自信のなさ、どうせダメだというあきらめ……。そうした根拠のない感情を生み出す記憶に翻弄され、人生の迷路にハマっている人は大勢います。けれども、「私はこうしたい」「こうでなくていけない」というのは記憶の「再生」です。誰かに傷つけられた時に「ここで、やり返さなくては駄目だ！」と囁くのは、あなたの記憶が投影して現れた現象です。あなたにとって本当に必要なものは、ゼロの状態にならなければ見出すことができないのです。つまり、「ああしたい」「こうしたい」という欲望があるうちはゼロの状態に至っていないということ。クリーニングによって潜在意識の中の記憶の再生が欲望となって表れるのを、またクリーニングしてください。一にクリーニング、二にクリーニング、三にクリーニングです。

ゼロの状態になるというと、知恵も理性もないのっぺらぼうなイメージを抱く人がいるかもしれませんが、ゼロになれば、あなたにとって必要なものはすべて与えられます。その事業をやりなさいという流れが神聖なる存在から与えられたなら、事業をするために必要なお金も与えられます。けれども、ゼロの状態になって、純粋な本当の自分を取り戻さなくては、そもそも自分にとって何がふさわしいのかすら感じ取ることができません。

あなたがまだ、神聖なる存在からの愛を感じられずにいるのなら、ただちにクリーニングを始めてください。あなたに愛を気づかせることの妨げとなっている記憶に対して、心の中で「記憶さん、ありがとう。ごめんなさい。許してください。愛しています」と言いましょう。

誰もが乗り越えがたい記憶を抱えているものです。けれども諦めずに記憶と対峙することが大切です。あなたの潜在意識の中にある記憶をひたすらにクリーニングしてください。神聖なる存在が私たちに与えたいと考えているのは、争いごとに勝ったり、欲望を満たすといったちっぽけな満足感ではなく、大きな愛。人生の中で起こるさまざまな問題の責任を自らが請け負い、ゼロの状態に立つことです。

ゼロとはつまり時間のない世界です。
時間がないから物事を区切る境界線もなく、
執着やとらわれのない状態で、
完全なる自由の世界です。

世界と一つになる愛のパワー。

心がゼロの状態というのがどんなものか、想像してみてください。ゼロとは時間のない世界です。人生を区切る境界線などはなく、空間は無限大に広がっています。物資やお金の概念もありません。ゼロの状態というのは仏教でいうところの無我の境地、完全なる自由の世界なのです。

私たちが人生に恐怖を感じるのはどんな時でしょうか？　年老いて死が近づく時と答える人や、病気で死を意識する時と答える人が多いのではないかと思うのですが、いずれも自分の生きてきた人生の終わりを感じ、自分という存在が消えてしまうと考えることから生じる恐怖です。これもまたすべて記憶です。そのことを知っていながら尚、時の経過を恐ろしく感じてしまうのは、私たちの心の奥で「死ぬのは怖い」という記憶が再生しているからなのです。

でも実際には死に恐れを抱く必要はありません。私たちは死によって、神聖なる存在の作った劇場で役者として演じる一幕の出番を終えただけ。舞台は永遠に続いていきます。死によって現世での肉体とは別れを告げますが、魂は永遠に生き続けていくのです。クリーニングをして死に対する恐怖の記憶をクリーニングすれば、そのことをはっきりと理解できるようになるでしょう。それぞれの肉体の中に魂が宿って生きている私たちは、一人ひとりが孤立している存在のように見えますが、実際には魂は一つ。私たち一人ひとりの魂は肉体の死後、光となって一体化し、神聖なる存在のもと、ゼロの状態へと帰っていくのです。

クリーニングしましょう。「ありがとう。ごめんなさい。許してください。愛しています」というフレーズは、潜在意識の中のすべての記憶を消去し、あなたの心の扉を開くために不可欠です。そしてクリーニングをして神聖なる存在からのインスピレーションをキャッチするのと同時に、あなたの中から愛を放ちましょう。愛ある存在のあなたは美しいオーラに包まれています。そのオーラが周囲に影響を及ぼし、たちまちハートフルなエネルギーがあなたの周囲に集まり、一つの意識として結びつくのです。それはなんと心強いことでしょう。

たった一人で生きている人はいません。死によって孤独になる人もいません。クリーニングをするプロセスでそのことを理解すれば、刻々と流れる時間の概念に心を縛られることはなくなります。死に対する恐怖もすっかり消えてしまうことでしょう。

クリーニングすることで
自分だけのシャングリラに気づいてください。

楽園は、自分の内面がゼロになる時に現れる。

死ぬことに恐怖を抱く人がいる一方で、生きているのが辛い、死んだら楽になれると悲観的に生きている人もいます。確かに人生にはさまざまなトラブルを生み出す記憶があります。八方ふさがりになり、孤独という名の砂漠の中をさまよう自分をイメージして、これこそが生き地獄だと絶望的な気持ちになっている人もいることでしょう。せっかく生まれてきたのに生きていることを楽しめないというのは不幸なことです。

けれども、人生は生き地獄だと嘆く人は、人生がうまくいかないプロセスを自分で作り出していることに気づいていないのです。「どうせ幸せにはなれない」という記憶に心を乗っ取られたまま事を起こし、何かトラブルが生じたら、今度は「あいつのせいだ」という記憶のせいで、何がいけなかったのか省みることもしない。それでは魂が成長することができず、何のために生まれてきたのかわからないといった心持ちになるのも当然なのです。

もし、自分に起こる出来事はすべて自分に責任があるのだということに気づけば人生はガラリと好転します。「そうか、自分が変わればいいのか！」という発想が浮かべば、もうそれだけで地獄から8割方抜け出したようなもの。クリーニングを実践すれば完全に地獄から抜け、楽園を作り出すことさえできるのです。

楽園とは、私たちを悩ます一切の出来事と切り離された、心地のよい場所のことです。パラダイス、天国という言葉に置き換えることもできるでしょう。楽園に住む人の心は記憶に引きずられません。今、ここに存在していることだけで充分に満ち足りていて幸せそのものなのです。

けれども、日本には、「現状に満足している」と言える人が少ないと聞いたことがあります。もっとよい学校へ入り、もっとよい仕事に就き、もっと多くの収入を得て、もっと贅沢な暮らしがしたいと、上ばかり見て生きているのでしょう。向上心を持って生きることは悪いことではありませんが、ここで気になるのは、現状に満足できずにもっともっとと先を急ぐ人たちが、自分の心の動きを観察し、きちんと把握できているのだろうかということです。残念ながら私には、心をどこかに置き去りにしたまま特急列車に飛び乗ってしまった人たちに見えます。どこへ行くのかもわからず、ただ走り続けて無駄に疲弊しているように思えて仕方がないのです。各駅停車に乗り換えて、移りゆく景色を楽しみながら、まずは自分にふさわしい生き方について考えることが必要なのに。

クリーニングは潜在意識の中の記憶を消去することが最大の目的ですが、クリーニングをする時間を設けることで、ゆったりとした心を取り戻せるという点も重要です。人の心が真に豊かな状態であれば、あくせくしなくてもよい人脈を与えられ、やりがいのある仕事に恵まれ、それに伴ってお金もついてきます。

私はそのためにクリーニングを勧めます。クリーニングをして潜在意識の中の記憶を消去すれば、心の中に楽園を作り出すことができるのだということを理解していただきたいのです。でも決して努力してクリーニングをするという感覚では行わないでください。努力はしんどいものだという潜在意識が、また新たな記憶となり、クリーニングをすることの意味がなくなってしまうからです。呼吸をするようにクリーニングを生活の一部にしましょう。クリーニングしないと気持ちが悪いと思うようになれば、それはよい兆し。あなたの心の中に楽園が広がりつつある証拠です。

病気とは自分をクリーニングするための
サインのようなもの。

病気になるという記憶を消去する。

私たちは、それぞれの役割を演じながら生きている役者のようなものだという話は、すでにお伝えしました。つまり生きることは記憶を演じているということなのです。それがどういうことなのか、お話ししましょう。

たとえばあなたが病気になったとします。それは、あなたがその病気になる記憶を演じているということ。病気は辛いものですから「なぜ自分が病気の役をもらうはめになったのだろう」と落胆する気持ちは理解できますが、病気になったあなたがすべきことはクリーニング。あなたの中の何のメモリが病気を起こしているのかわからないが、「ありがとう。ごめんなさい。許してください。愛しています」とウニヒピリに語りかけるだけです。クリーニングをして記憶を消去すれば、自動的に病気の役割も消去されます。

けれども、それだけでは不十分なこともあります。私のところには病気による悩みを抱えた方もみえますが、私は相談者にクリーニングを勧めるだけではなく、私自身の潜在意識の中にある「この人は病気だ」という記憶もクリーニングを通して消去します。なぜなら、その相談者は顕在意識の中では、病気の相談で私のもとを訪れたと思っていても、実際には私の潜在意識の中に自分の病気の原因となっている記憶があることを知っていて、私にクリーニングをする機会を与えてくれたのです。

私に限ったことではありません。人はその人生の中でさまざまな人に出会いますが、どんな場合でも出会いには意味があるということなのです。もっといえば、出会う人とはお互いにクリーニングをしなくてはいけない関係にあるということ。たとえ通りすがりに足を踏まれたという関係であったとしても、互いにクリーニングをするために潜在意識が二人をめぐり合わせたと考えてください。

通りすがりの人でさえ潜在意識の記憶で出会うのですから、家族、夫婦、友人、仕事仲間など、身近な人との縁は大変に濃く、日々互いにクリーニングをする関係が求められているといえます。

このように一人の中にある記憶は他の存在とも常につながっているのです。あなたがクリーニングすることで、あなた自身の記憶が消去され、本来の能力を発揮することができるだけでなく、他の人にもよい影響を与えることになるのです。ホ・オポノポノの教えの中で、自分自身に向かってクリーニングをしていれば、あとは自動的に周囲の環境も整っていくと説く根拠はそこにあります。

「闘病」という言葉があります。また、人はよく「病気に打ち勝つ」というフレーズを使います。けれど病気は闘うべき存在ではなく、クリーニングへと促すサインなのです。ナーバスにならず、ゼロの状態を迎え、自分が生き生きと生きることのできる人生へと切り替えるチャンスを与えられたのだと理解して、病気を生み出している記憶をクリーニングしてください。そしてクリーニングを続けるのです。ただクリーニングしていれば、道が開かれます。

どんなことがあっても、どんな状況においても、
クリーニングし続けてください。

ドクター・ヒューレンのE-mail のサイン〈POI〉の意味とは？

私はE-mailを送る時、文の最後に〈POI〉と記します。この言葉の意味は、〈Peace of I〉のことで、私の中に存在する平和、つまり、何ものにも影響されることのない、完全に平穏な心の状態を表しています。POIを意識して生きることは、とても大切なことなのです。

常にクリーニングしていなければ、記憶はちょっとのすきに私たちの中に入り込み、正しい判断をしようとする心の妨げとなってしまいます。

たとえば、「お金がないと苦しい」という記憶を再生させている人にとって貧乏は恐怖ですが、本当にお金がないことは不幸なことなのでしょうか？　お金があれば人は幸せなのでしょうか？　貧乏が怖いと考えている人は、貧乏な人はミジメだという色眼鏡で世の中を見ています。このように、あなたの目に見えるもののすべては、あなた自身の記憶の投影です。あなたのウニヒピリは、何をクリーニングするべきかを、あなたの人生の中で見せています。

　会社の行き帰りに痴漢に遭遇したり、酔っ払いに絡まれたり、交通事故や火事の現場に居合わせてしまったとしたら、酔っ払いにからまれるとか、交通事故や火事などの記憶が再生しているということです。ですから、どこかへ行く前にクリーニングすることが必要なのです。

　仕事中に、嫌なクライアントに付き合わされてしまった時は、あなたの中にある苦悩を見せにきてくれているのです。クレーム処理係やカウンセラー、医師、看護師、整体師など、日常の業務そのものが人の苦悩を解消する仕事に就いている人も、クライアントはあなたの記憶を見せにきてくれています。

　私たちがありのままに生きることで本来の能力を発揮し、人生を謳歌《おうか》するための方法は、とてもシンプル。「ありがとう。ごめんなさい。許してください。愛しています」という四つの言葉をウニヒピリに語りかけながら、潜在意識の中の記憶を消去するだけです。

　ホ・オポノポノは、誰もが、いつでも、自分の問題を自分で解決することのできる実用的な方法。半信半疑であっても、信じていなくてもいい。とにかくクリーニングを始めていただきたいと思います。

この本に対して、また、この本を読んでくださった読者の皆さんに対しても私はクリーニングをし続けています。この本を通じて出会い、クリーニングをするチャンスを与えてくださったみなさんに感謝します。

さあ、今度は、みなさんがクリーニングを始める番です。あなたがゼロの状態になり、本来の純粋さを取り戻せば、奇跡が起こります。私は、より多くの人が、「セルフアイデンティティ・スルー・ホ・オポノポノ」を実践し、素晴らしい人生への第一歩を踏み出していただけますようにと心から祈っています。

Q 「ありがとう」「ごめんなさい」「私を許してください」「愛しています」というクリーニングのための四つの言葉はすべて言わなくては効果がないのでしょうか？　そうであるとしたら、順番どおりに言わなくてはいけないのですか？

A 四つの言葉をすべて言う必要も、順番にこだわることもありません。ちなみに、私は「愛しています」という言葉の中に「ありがとう」「ごめんなさい」「私を許してください」も含まれていると考え「愛している」としか唱えていません。
また、最初の頃はナーバスで「ごめんなさい」しか言えなかったという人もいますが、それでも効果は変わりません。

Q 四つの言葉は、声に出して言ったほうが効果的なのでしょうか？

A ルールはありませんので、自分のインスピレーションに従って言ってください。けれど、TPOをわきまえずに声に出してしまえば、周囲の人に不快な気分を与えることにもなりかねません。ですから、基本的に私は心の中で唱えることをお勧めしています。

Q　クリーニングは朝、昼、夜のいつ行うのがよいのでしょうか？

A　いつでも結構ですが、とにかく習慣にすることが大切。イライラしたり、誰かの発言によって怒りを覚えたり、悲しみに襲われたりした時には四つの言葉を唱えようと決めるのもいいでしょう。
クリーニングが習慣になれば、ちょっとした時間に自然に唱えているという状態になります。ウニヒピリは常に、あなたが真面目にクリーニングに取り組んでいるかを見ています。あなたが真面目に取り組んでいれば、ウニヒピリはクリーニングを自然と覚えて行ってくれるのです。

Q　数多く唱えれば、記憶の消去が早まるといったことはありますか？

A　そんなことはありません。記憶を消去するために大切なのはクリーニングの回数ではなく、永遠に続けること。記憶は常に蓄積されており、しかも、私たちが意識するより先に再生され、心を翻弄しますので、生きているあいだ中、これでクリーニングは完了したという状態を迎えることはないのです。

Q クリーニングの四つの言葉を唱える時に感情を込めるべきですか？

A その必要はありません。そればかりか、クリーニングによる奇跡を信じていなくてもいいのです。ただ機械的に、コンピュータの中の情報をデリートするような感覚で行えばOK。駄目でもともとだという気持ちであっても「Just do it!」。

Q クリーニングをする時には、何かをイメージする必要があるのでしょうか？

A イメージする必要はありません。なりたい自分や欲しいものをイメージするほうが神聖なる存在に気持ちが伝わりやすいのではないか、と誤解をする人がいますが、欲望や期待も記憶によるもの。**すべてを手放し、ゼロの状態にならなければ、神聖なる存在からのインスピレーションは降りてきません。**

Q クリーニングしていても効果がなく、焦ってしまうのですが。

A 焦ってしまうというのは記憶によるもの。焦る必要はありません。まずは気持ちがせいてしまうという記憶をクリーニングし、心を鎮めましょう。あなたの中にある期待という記憶もクリーニングしてください。

Q　ゼロの状態になっているか、どうやったら確認できるのですか？

A　こういう状態だからゼロになっていると目で見て確認することはできません。ただ感じるのです。ゼロの状態になれば、神聖なる存在からのインスピレーションを感じることができます。

Q　日本人に適したクリーニング法はありますか？

A　基本的にはクリーニング方法は万国共通ですが、私は日本に来た時にイチョウの葉に癒しのインスピレーションを感じました。分析ばかりして理屈っぽくなっている時などはグリーンガムをかみます。グリーンガムも日本でインスピレーションが降りてきたクリーニングツールです。それからエビもそうです。日本人はよくエビを食べますが、エビには「物事を忘れてしまう」という記憶、つまりアルツハイマーという記憶に対し、効果があります。

神聖なる存在は、クリーニングツールなどにこだわらない寛大さを備えていますので、こうでなければいけないというルールなどないのです。バニラアイス、ブルーベリーなど自分が記憶を消去されているとインスピレーションを感じた、オリジナルのクリーニングツールを持っている人も大勢います。

鼎談

人類がこれまで背負ってきた悩みは
すべて解消できる

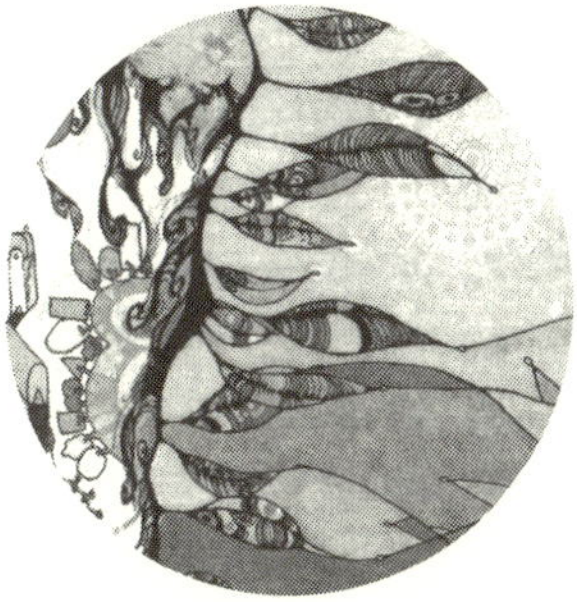

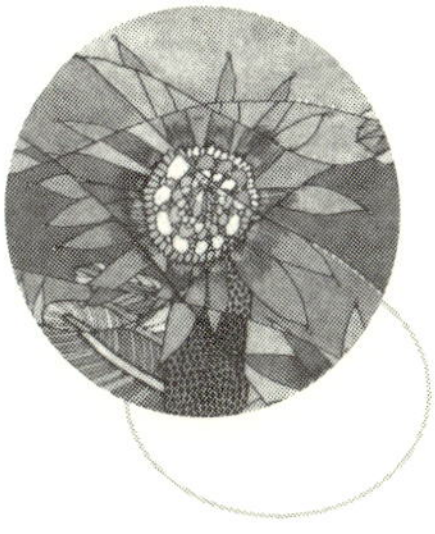

西川桃子さん

30代のＯＬ。主に人間関係のことで悩んでいる。父親の死の悲しみから抜けられずにいるという自分の弱さにも気づいているため、ホ・オポノポノによって心の問題を解決したいと考えている。

三浦奈々さん

40代の既婚者。フリーランスのイラストレーターとして活動中。夫の暴言に悩み、どうしたものかと考えていたところ、ヒューレン博士の著書と出会い、以来、クリーニングを続けている。

夫のDVをクリーニングで抑えることはできるのでしょうか？

西川　ヒューレン博士にお目にかかり、直接お話を伺うことができるなんて光栄です！

三浦　本当に夢のようです。セミナーに参加なさった方々が、会場に入るとヒューレン博士のオーラを感じて、それだけで癒されるというようなことをおっしゃっていますけれど、私も今、すごく素直な気持ちになっている自分を感じています。

ヒューレン　鼎談《ていだん》が決まってから、私はお二人のお名前と生年月日を伺い、今日までのあいだにクリーニングをしてきました。お二人の顕在意識の記憶だけではなく、先祖に遡《さかのぼ》り蓄積され

ていた記憶のすべてに対してです。
私たちが今日、こうして会っているのは偶然ではありません。人と人が出会うことを〝縁がある〟と言いますが、それは〝クリーニングをする縁〟であるということなのです。

三浦　夫婦もですか？

ヒューレン　そうです。

三浦　結婚相手となる人とも、クリーニングをする機会を得るために出会うということなんですね？

西川　えっ!?　結婚って幸せになるためにするんじゃないんですか？　結婚相手というのは幸せになるための運命の人だと思っていました。

ヒューレン　運命はなく、あるのは記憶とインスピレーションだけです。結婚すれば幸せになれるという発想も記憶によるもの。ゼロの状態にならなければ、その人が自分にふさわしい相手かどうかという神聖なる存在からのインスピレーションが降りてきません。

西川　ゼロの状態というのは、夫が経済的な安定をもたらしてくれる、配偶者がいれば寂しくないといった打算や期待を手放すということですね。

クリーニングしていれば、自分にふさわしい人しか寄ってきません。（ヒューレン）

ヒューレン　ですから、男性と出会ったら、クリーニングをして記憶を消去しなくてはいけないのです。私は、独身の女性には、誰かと出会う前から記憶のクリーニングをするように勧めています。クリーニングしていれば、自分にふさわしい人しか寄ってきません。

三浦　もう結婚している場合は手遅れなのでしょうか？

実は私は夫の暴言に悩んでいます。「バカヤロー」「クソ女」などと言われることに辟易《へきえき》していますし、何かするごとに「ガサツだ」「育ちが悪い」と怒鳴られるので、夫の顔色を見てビクビクしている有り様で。

西川　ひどい！　そういう男性は許せませんね。

三浦　恥ずかしい話なのですが、「お前なんか女じゃない」と言われたことから、私自身

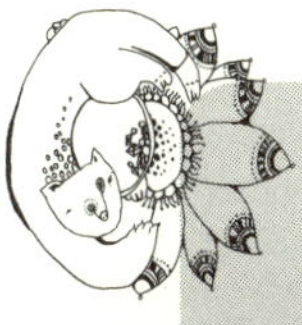

が頑《かたく》なになりセックスレスの状態が続いています。
恋愛中は優しい人だったのですが、一体、私の何がいけなくて、こんなことになってしまったのか……。夫の暴言もクリーニングをすることでおさまるでしょうか？

ヒューレン　自分自身を責めるのではなく、答えを求めずに、ただ四つの言葉を繰り返し、クリーニングをしてください。

潜在意識に対し愛していると語りかけてください。（ヒューレン）

西川　三浦さんのせいではなく、ご主人の性格に問題があると思うのですが、その場合でも三浦さんが謝らなくてはいけないんでしょうか？

ヒューレン　四つの言葉はご主人に対して言うのではありません。自分の中の潜在意識に対して、ただ四つの言葉「ありがとう。ごめんなさい。私を許してください。愛しています」を語りかけるのです。

ご主人の暴言は三浦さんの潜在意識の中にある〝夫に暴言を吐かれる〟という記憶の再生によるものですが、潜在意識の記憶は、宇宙が創世されて以来蓄積された膨大なものなので、どの記憶によるものなのかを見極めるのは不可能です。

そこで、どの記憶のせいなのかはわからないけれど、潜在意識に対して「愛しています」と語りかけるのです。

三浦　クリーニングは私一人が行うだけでいいのですか？

ヒューレン　もちろん。あなたの記憶の再生なのですから。夫の暴言は自分の記憶の再生によるものなのだから、自分の責任であるととらえ、自らの記憶をクリーニングしなければいけません。

三浦　パートナーのDVや暴言に苦しんでいる女性は大勢いますが、男性側に変わってほしいと望んでいても、改善を促すのは難しいというのが実情ではないでしょうか。

ヒューレン　悪いのはご主人ではなく記憶です。

　ご主人の中に暴力的な記憶がプログラムされてしまっているのです。その記憶は、過去に培った女性に対する嫌悪感かもしれないし、現世で受けた、母親に対するトラウマかもしれません。とにかく三浦さんがクリーニングしてください。

三浦　クリーニングをして、神聖なる存在からのインスピレーションをブロックしている〝夫の暴言に苦悩する〟という記憶を消去すれば、私の抱える問題は解決するのでしょうか？

ヒューレン　今、この部屋の電気を三浦さんが消したとしましょう。すると、部屋にいる私たちはみんな暗闇にいることになります。

　でも、三浦さんが再び電気をつければ、私たちも光に照らされることになります。

　それと同様に、三浦さんがクリーニングをして悟りを開いた状態になれば、周囲に与える影響も大きいのです。三浦さんがクリーニングをすることで、ご主人も神聖なる存在からの光で照らされ、自然と暴言を吐く自分を改善しなくてはいけないということに気づく流れが生まれます。ただし、クリーニングは何かを期待して行うものではありません。

頑張って結婚生活を続けるか、離婚して仕事に生きるか悩んでいます。

三浦　私はヒューレン博士の本を読み、記憶のクリーニングの大切さを知ってから、クリーニングを実践するように心がけているのですが、主人の暴言によって心が乱されると、感情的になってクリーニングすることを忘れてしまうんです。
　感情に心を乗っ取られてしまって、大切なことを忘れてしまうというのも記憶のせいなのでしょうか？

ヒューレン　そうです。暴言を吐いているご主人を目の当たりにしながら冷静でいることが難しいのであれば、寝ているご主人を見つめながら、ご主人に対して〝私の人生に現れてくれてありがとう。愛しています〟と語りかけるようにするといいんです。

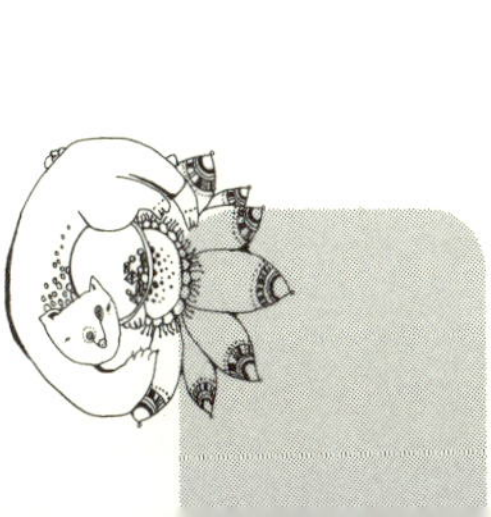

三浦　えっ!?　私、寝ている主人に向かって「絶対に許さないぞ！」などと負の感情をぶつけてしまっていました。

迷ったり悩んだりするのは無意味です。そんな暇があったらクリーニングしてください。（ヒューレン）

ヒューレン　睡眠中は顕在意識が寝ているため、潜在意識にアプローチしやすい状態ですから、負の感情を寝ているご主人にぶつければ、ぶつけられた負の感情に、ご主人は反応してしまいます。

三浦　逆に、クリーニングの言葉を語りかけるようにすると、暴言を抑えることにつながるということなのでしょうか。

西川　でも、クリーニングは三浦さんが三浦さんの潜在意識に対してするのでは？　さきほどの質問の繰り返しになってしまいますが、なぜ、ご主人の潜在意識に対して「ありがとう」と語りかけなくてはいけないんですか？

ヒューレン　イエス・キリストは「汝の敵を愛しなさい」と言っていますが、これは「敵は攻撃して怒らせる対象ではなく、敵はあなた自身の中にある記憶です」という意味。
そこで、ご主人ではなく、自分の中にあるどの記憶がご主人をこんなに恨むのだろうか？と訪ね、ただ四つの言葉を繰り返してください。あとは、あなたのウニヒピリが原因となる記憶を消去してくれるので、あなたがそれを見つけようとする必要はありません。

三浦　とにかく、このところの私は、離婚したほうがいいか、頑張るべきなのかと迷っていて、仕事に集中することができずにいるのですが……。

ヒューレン　迷ったり悩んだりするのは無意味です。そんな暇があったらクリーニングをすること。そうすれば、自然に三浦さんにふさわしい流れができます。

西川　クリーニングすることによって、三浦さんは努力をしなくても離婚を免れることができるんですね！

ヒューレン　クリーニングをして記憶を消去す

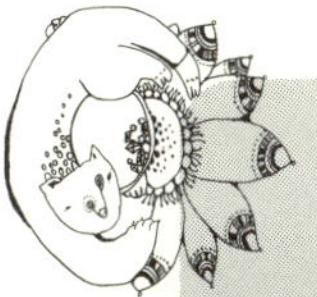

れば、神聖なる存在のインスピレーションによって離婚したほうがよいという決断に至るかもしれません。

その場合にも、三浦さんが離婚によってダメージを受けるということはなく、むしろホッとすることができるでしょう。

三浦 離婚後、仕事が順調に回るかという経済的な不安があって、なかなか離婚に踏み切れないという事情もあるのです。

ヒューレン 三浦さんにとって仕事に生きるということがふさわしい流れであるなら、必要な人脈や仕事は向こうからやってきます。

ここで大切なのは、お金持ちになりたいとか、仕事で成功したいという欲望をクリーニングし、ゼロの状態になること。いずれにしても今の三浦さんにできるのはクリーニングをすることだけです。

どうしたら父の死を乗り越えられるのでしょう？

西川　私は母と喧嘩をしたり、職場でミスをしてしまうなど辛いことがあると、すぐに「ああ、父が生きていれば」とナーバスになり、そこから立ち直るのに時間がかかってしまうのです。何かあると父が味方をしてくれたので……。

父は癌で亡くなったのですが、仕事に追われて病院へ行くのが遅れ、最後を看取れなかったという悔いもあります。

三浦　お父さんが亡くなられたのはいつですか？

西川　五年ほど前です。

ヒューレン　西川さんの潜在意識の中にある〝お父さんが死んでしまって哀しい〟という記憶や、〝死に際に立ち会えなくて悪かった〟という過去の記憶をクリーニングすることが大切です。

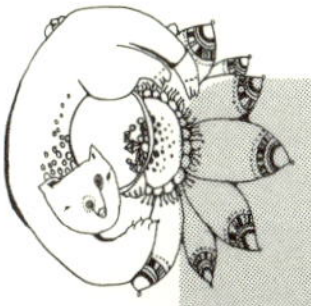

たとえば、私のセミナーの受講者の中に、くも膜下出血で突然息子さんを亡くしたという女性がいます。
彼女は、クリーニングをしているのに、なぜこのような悲劇に見舞われたのだろうと被害妄想にとらわれることなく、息子さんを見送ることができました。そればかりか「ありがとうございます」と言うことができたそうです。
それは彼女が、今世で自分が息子と出会ったのは、過去世で果たせずにいた「お別れ」をきちんとするためだということを理解していたから、神聖なる存在に感謝することができたのです。
西川 いつまでも父に依存するというのは私の中の弱さでしょうか?
ヒューレン どうしてなのだろう? などと分析したり、理屈で納得しようとするのではなく、ただクリーニングすればよいだけです。四つの言葉を唱えるのでもいいし、ブルーソーラーウォーターを飲むのでも、その他のクリーニングツールでもいい。とにかく記憶は、私達がクリーニングをしなければと気づく前に話しかけてくるので、常にクリーニングし続けていかなければいけません。
三浦 歩いている時や電車での移動中にクリーニングをすることは可能ですが、常にクリーニングをしている状態を継続するというのは難しいです。皆さん、どうやっているのでしょう？

ヒューレン　自分の中の潜在意識にクリーニング方法を教えておけばいいのです。そうすれば、寝ているあいだも自動的にクリーニングしてくれます。

クリーニングでうつを克服することができますか？

西川　なにしろ私は悲観的で。私の仕事は商品開発なのですが、自分が考案した商品が売れないと周囲の人から駄目な人間だというレッテルを貼られてしまった気がして落ち込み、会社へ行くことがひどくおっくうになります。

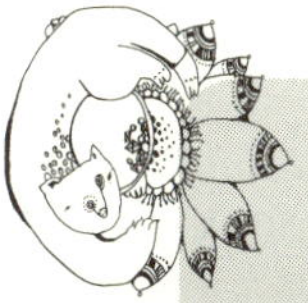

心療内科に通っていたこともありました。うつだと思うのですが、薬に頼ることに抵抗があるので、なんとか自力で克服したいと思っています。クリーニングでうつを克服することができますか?

ヒューレン　うつであるという記憶をクリーニングするのです。

西川　職場の人間関係に恵まれていないというのも感じていて、なにしろ、職場のみんながライバルと感じているため、仕事に関する悩みを打ち明ける気になれませんし、どうやら私は上司に嫌われているらしく、私よりも明らかに能力のない人に対する評価のほうが高いことに怒りを覚えることもあります。

いろいろと考えているうちに、「どうでもいいや」という投げやりな気持ちになってしまうのです。

ヒューレン　あなたが悪いのでも職場の人が悪いのでもなく、すべての問題の原因は記憶です。その記憶がどこにあるのかといったら西川さんの潜在意識の中。

シェイクスピアが〝あなたは自由を選びますか？　それとも困難を選びますか？〟という言葉を綴っていますが、私が西川さんに問いかけたいのも、そのセリフです。困難は嫌だと考えているなら、今すぐにクリーニングを始めることです。

心を込めなくても、「愛しています」と機械的に心の中で唱えればいいんです。（ヒューレン）

西川　私は理屈っぽいのか、「ありがとうございます。ごめんなさい。私を許してください。愛しています」と自分の中の潜在意識に語りかけるだけで、本当に問題が解決するのだろうか？という素朴な疑問があって……。

三浦　私も最初はシンプルすぎて、本当にこれで記憶を消去できるのかしら？と思ってしまったのですが、続けるとなるとそれはそれで大変なんですよね。

ヒューレン　理屈を分析しないとクリーニングできませんか？
別に心を込めなくても、「愛しています」と機械的に心の中で唱えればいいんですよ。

本当にそれができないとしたら残念ですね。被害妄想を膨らませて悶々としているより、クリーニングをして問題を解決してしまうほうがずっと早いのに。私は「ただやってください」「Just do it!」と繰り返します。

商品が売れないのも記憶のせいなのでしょうか？

西川　自分の開発した商品が売れないのも記憶のせいだと思っていいのでしょうか？

ヒューレン　以前、ラジオのＤＪをしている女性から「私の番組が人気を得るためには、どうすればよいのでしょう？」という質問をされたことがあるんです。その時も私はクリーニングすることですとお伝えしました。

「あなたがＤＪとして話す前に、あなたの放送を聞く人達に対して、〝私の番組を聞いてくれるみなさん、ありがとうございます。私の番組をみなさんが聞いてくださるおかげで私には仕事が与えられ、好きな仕事ができて毎日が充実しています。愛しています〟と言って、マイクや必要な機材すべて、そのお仕事にたずさわるすべての人々（スポンサーやスタッフ）、録音をする部屋やイスなどすべてのものに意識があり、もちろん記憶があるので、それぞれに対し、四つの言葉を通してクリーニングするのです」と。
　そうすることで、ラジオを聞く人がインスパイアされるのです。そして、ＤＪであるその方も、インスピレーションによって仕事ができるようになり、その結果、必要な状況が向こうからやってくるのです。

西川　商品を買ってくださる方に対して、事前に〝ありがとうございます〟と感謝の気持ちを伝えることが大切なんですね。

三浦　つまり、それは商品が売れないかもしれないという記憶のクリーニングにつながるわけですよね？

ヒューレン　クリーニングをすれば、商品は〝あの人のところへ行きたい！〟と勝手に飛び歩いてくれます。

西川　ヒューレン博士とお話していたら勇

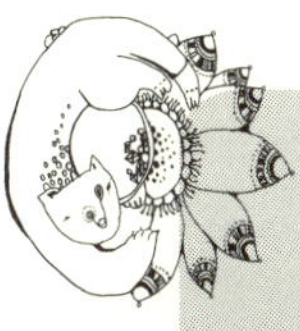

気が湧いてきました。

「Justo do it!」というヒューレン博士の言葉を心に刻んで、さっそくクリーニングに努めたいと思います。

三浦　私も日々記憶のクリーニングを続け、離婚に関しても〝人事を尽くして天命を待つ〟という気持ちで、神聖なる存在からのインスピレーションに身をゆだねたいと思います。

ヒューレン　大事なのは一瞬一瞬クリーニングを続け、自分の周りで起こることが100％自分の責任であるという立場を取り、クリーニングに専念することです。

その結果インスピレーションが降りてきて、自分にとって本当に必要なことが完璧なタイミングで訪れます。

イハレアカラ・ヒューレン（Ihaleakala Hew Len,Ph.D.）

ハワイに伝わる伝統的な問題解決法「セルフ・アイデンティティ・スルー・ホ・オポノポノ」の第一人者。これまでに犯罪者の更正や身体障害者の支援プログラムに取り組んできたほか、国際連合、ユネスコ、世界平和会議などでも活躍。幸せと豊かさの本質に気づかせてくれるそのシンプルな考え方に多くの人々が勇気づけられている。著書に『みんなが幸せになるホ・オポノポノ』（徳間書店）、『豊かに成功するホ・オポノポノ』（ソフトバンククリエイティブ）がある。

http://blog.hooponopono-asia.org（日本）

http://www.hooponopanotheamericas.org/（USA）

丸山あかね

1963年東京生まれ。玉川学園女子短期大学卒業後、フリーライターとなる。あらゆる社会問題を取り上げ、男性誌、女性誌において人物インタビュー、エッセイ、ルポ、映画評などジャンルを問わず活動中。著書に『「君は一人でも生きていける」とは言われたくない』（光文社文庫）、『江原啓之への質問状』（共著・徳間書店）、『耳と文章力』（講談社）などがある。

たった4つの言葉で幸せになれる！

心が楽になる

ホ・オポノポノの教え

発行日　2009年9月13日　第1刷発行

著者　イハレアカラ・ヒューレン、丸山あかね
イラスト　藤沢まゆ
写真　尾崎　誠
制作協力　平良ベティー
装丁&本文デザイン　おおうちおさむ（ナノナノグラフィックス）
本文デザイン　山下　澄（ナノナノグラフィックス）
DTP　臼田彩穂
編集　沼口裕美
発行人　川井和則
発行所　株式会社 イースト・プレス
〒101-0051　東京都千代田区神田神保町1-19　ポニービル3F
TEL：03-5259-7707　FAX：03-5259-7321
http://www.eastpress.co.jp/
本文印刷・製本　中央精版印刷株式会社
カバー印刷　文化堂印刷株式会社

ISBN978-4-7816-0210-3

オリジナル・クリーニングカードの使い方◉クリーニングするとき、4つの言葉をいつでも思い出せるように、お財布や手帳などに入れて、いつも持ち歩くようにしてください。

Photo by joann kailikea

Photo by joann kailikea

Photo by joann kailikea

Photo by joann kailikea